LE PREMIER AMOUR

DU MÊME AUTEUR

AUX ÉDITIONS PLON

Je t'aime, 1997.
La Morale, 1996.
Les Envieux, 1995.
Le Vol nuptial, 1994.

AUX ÉDITIONS RAMSAY

Genesis. Ramsay, 1992.
L'Altruisme et la morale, 1989.
Vie publique et vie privée, 1988.
L'Érotisme, 1987.
L'Amitié, 1985.
Le Choc amoureux, 1980.

FRANCESCO ALBERONI

LE PREMIER AMOUR

Traduit de l'italien par Émilie Chaix-Morgiève

PLON

TITRE ORIGINAL

Il primo amore

ISBN original : 88-17-84522-1, Rizzoli.
ISBN Plon : 2-259-18917-2.

Cette recherche a pu être menée grâce à un financement de la compagnie d'assurances SAI, dans le cadre d'une convention passée avec l'université IULM [1]. La SAI promeut les recherches sur la croissance émotionnelle de l'individu, la formation du couple, ses problèmes, son développement harmonieux, dans le but d'accroître l'efficacité de son système d'assurances en faveur de la famille italienne.

Cette recherche a été menée par :

VIEVA CASINI, psychologue-psychothérapeute, Viareggio (Lucques), qui s'est chargée des entretiens cliniques avec les enfants.

ROSANTONIETTA SCRAMAGLIA, chercheur en sociologie à l'université IULM de Milan, pour la recherche quantitative, à laquelle ont également collaboré : Bartolomeo Corsini, Chiara Debernardi, Miriam Gambitta, Roberto Lavarini, Giovanna Purchiaroni, Gianlorenzo Scramaglia, Laura Tacchetti.

---

1. Institut universitaire de langues modernes.

Remerciements

Je tiens à remercier vivement Mme Maria Borsacchi, directrice d'école et maire adjoint de Camaiore, pour sa précieuse collaboration et celle de son établissement.

Nous remercions également les proviseurs, les enseignants et les élèves des écoles milanaises suivantes :

Écoles primaires de la via Corridoni, de la via Quadronno, de la via Spiga (directeur : V. De Vita).

Collèges : O. Tabacchi (professeur S. Di Pietro), E. De Marchi (professeur R. G. Piazzardi), E. Lombardini (professeur A. Minella).

Lycées : A. Einstein (professeur Spoliti), G. Feltrinelli (professeur Bianchi), D. Marignoni (professeur Percesepe), G. Schiapparelli (professeur Pedrizzi).

Sincères remerciements à Giulia Ligresti qui n'a pas ménagé ses efforts pour aider à la réalisation de ces travaux et qui les a suivis avec beaucoup de sollicitude.

Enfin, je tiens à remercier avec reconnaissance ma chère épouse Rosa Alberoni qui, cette fois encore, a accompagné les diverses phases de la recherche et collaboré à la rédaction du texte avec son talent habituel.

F. A.

PREMIÈRE PARTIE

L'enfance

CHAPITRE PREMIER

La porte

Mon amie Vieva, qui est psychologue, m'emmène visiter une crèche. C'est un bâtiment d'un seul étage entouré de verdure. En entrant, je me prépare à entendre pleurs et cris d'enfants. Mais non. Ce n'est qu'un souvenir qui s'insinue dans le présent. Je me revois dans la pénombre en train de bercer ma fille aînée qui refuse de dormir. Or ici, la scène est tout autre : réunis en petits groupes, des enfants calmes jouent et babillent paisiblement. Dans un coin, l'éducatrice lange un enfant en souriant, sans cesser de lui parler et de le caresser.

Il la regarde et, de temps à autre, il fait un bruit de gorge.

Arrivée d'un autre enfant. C'est Luca, il a dix mois. Il s'agrippe à sa mère, le visage enfoui dans son cou. Elle le confie à l'éducatrice, l'embrasse et s'éloigne sans se retourner. Luca agite les jambes avec force, comme s'il voulait se libérer de cette étreinte inconnue. Il est au bord des larmes, mais l'éducatrice le devance : « Salut, toi ! Comme tu es mignon ! Bienvenue à la crèche ! » La voix est douce et affectueuse. Le visage éclairé d'un sourire radieux.

Luca l'observe de ses grands yeux sombres. Sur le même ton, elle continue à le cajoler tout en faisant quelques pas dans la salle. Puis elle l'étend sur un tapis, s'assoit en face de lui et l'entoure de jouets colorés. « Regarde comme ils sont beaux. » L'enfant commence à les examiner. Il en prend un et le porte à sa bouche. Mais son regard est attiré par un autre. Il l'empoigne et lève les yeux vers l'éducatrice, qui lui sourit avec approbation.

« Tiens, voilà mon petit roupilleur. » Le dernier arrivé a presque un an. L'éducatrice le prend des bras d'un jeune homme, l'embrasse puis le dépose près de Luca. À lui aussi elle présente des joujoux. Assise, penchée vers eux, elle les observe. Elle dit au retardataire de donner un de ses jouets à Luca. L'enfant obéit. Luca prend le jouet et le regarde avec curiosité. Puis il le tend à l'autre en riant.

Nous passons dans la salle des enfants âgés de deux à trois ans. Voici Jessica, vingt-huit mois, cheveux roux ondulés et yeux verts. L'éducatrice va à sa rencontre : « Bonjour, Jessica. » La petite fille l'ignore. Elle se dirige droit vers un tricycle abandonné dans le coin opposé de la salle. Ses yeux sont rouges.

« Elle a pleuré, nous explique l'éducatrice, elle est avec nous depuis quelques jours à peine. Tous les matins c'est la même histoire, elle refuse de se séparer de son papa. » Jessica monte sur le tricycle et se met à faire des cercles dans la salle, courroucée. L'éducatrice s'assied sur un divan et lui dit : « Jessica, viens voir, il y a une nouvelle poupée. » Jessica secoue la tête. Elle fait un autre tour dans la pièce puis, comme si elle avait pris la décision elle-même, elle abandonne le tricycle et rejoint l'éducatrice. Celle-ci la serre dans ses bras et lui donne la nouvelle poupée : « Tu as vu comme elle est belle ? » Jessica la prend et va s'asseoir d'un air distrait entre deux enfants de son âge. Elle appuie sa tête sur l'épaule de l'un d'eux et sourit.

Je demande à Vieva si déjà à cet âge-là les enfants s'attachent plus particulièrement à une éducatrice qu'à une autre. « Bien sûr, ils ont leurs préférences, surtout les plus grands. » Je lui raconte que lorsque ma femme et moi nous avons dû mettre l'un de nos fils dans une crèche du centre de Milan, nous étions plus inquiets que lui. Or il ne lui avait fallu que quelques jours pour s'adapter. En rentrant à la maison il nous parlait sans cesse de Luciana, son éducatrice, qu'il aimait beaucoup.

Mon regard se pose de nouveau sur Jessica. Elle est absorbée dans son jeu avec ses camarades. Ils sont serrés les uns contre les autres. L'un des enfants passe son bras autour d'elle et lui murmure quelque chose à l'oreille. Elle rit.

C'est donc vrai, me dis-je, que pour accepter un nouveau milieu, l'être humain a besoin d'une personne qui l'accueille, qui le rassure. Qui lui donne l'impression d'être aimé. Cette personne représente la porte qui lui permet d'entrer dans le nouveau monde.

C'est ce qui arrive aux jeunes enfants lorsqu'ils entrent en crèche. Et c'est aussi ce qui arrive à l'émigrant qui débarque sur une terre étrangère. Il est seul, les visages qui l'entourent lui paraissent impénétrables, hostiles. Les odeurs repoussantes. La sonorité de la langue l'étourdit. Il se promène au milieu des gens, il essaye de comprendre, de saisir le sens de ce qui l'entoure. Un visage ami. Mais rien. Dans les regards qu'il croise il ne perçoit qu'indifférence et antipathie. Il est soudain envahi par une nostalgie émue pour sa famille, sa ville, son pays. Au fond de lui une voix hurle : rentre chez toi !

Pourtant il doit pénétrer ce monde, il ne peut se permettre de renoncer. Et un jour, alors même qu'il commençait à désespérer, il rencontre un autre émigrant, qui est là depuis bien plus longtemps que lui, qui s'est intégré, s'est fait des amis, a fondé une famille. Il parle sa langue, il s'est heurté aux mêmes difficultés que lui, il est donc bien placé pour le comprendre. Il l'invite chez lui, lui présente sa femme, ses proches, ses amis. Ils vont faire un tour en voiture et il lui montre les environs de la ville.

L'émigrant a un ami. Ce dernier représente la porte

d'entrée vers ce monde nouveau où il est arrivé. À présent il voit ce pays étranger d'un autre œil. Son cœur et ses sens se dilatent pour accueillir comme des nouveautés enthousias-mantes ces couleurs, ces odeurs et ces goûts qui auparavant le repoussaient. Il avait l'impression d'être un enfant égaré, et voilà que désormais il se sent fort et capable de continuer.

Il est adulte, c'est un adulte courageux qui a su quitter son pays et affronter un monde inconnu. Mais son expé-rience n'est pas foncièrement différente de celle de l'enfant qui entre en crèche. L'enfant a dû abandonner les bras protecteurs de ses parents parce que ceux-ci l'ont mis à la crèche. Ils l'ont amené en territoire inconnu.

Pour pouvoir s'insérer il a besoin d'une éducatrice qui le rassure par son attitude, son regard, des caresses, un sourire. D'une personne qui lui donne de l'amour et qui se laisse aimer. Cette personne, ô combien différente de la mère et du père, est une porte d'entrée. Ce n'est que le début, parce qu'à chaque passage de sa vie il devra en trouver une autre afin de poursuivre son voyage.

Après avoir quitté la crèche nous nous dirigeons vers l'école maternelle, située dans une autre aile du bâtiment. Nous empruntons un couloir lumineux. Les salles se succèdent.

Nous pénétrons dans l'une d'elles. Explosion de couleurs. Murs blancs, étagères vertes, placards jaunes, tables et sièges miniatures rose et bleu. Éparpillés un peu partout, des paniers et des boîtes à jouets rouges et jaunes. Sur les murs, entre les étagères et les placards, sont punaisées de grandes feuilles sur lesquelles on peut voir les dessins des enfants.

Comme elle est leur psychologue, Vieva connaît chacun de ces petits élèves dont les voix égayent la salle. Réunis en petits groupes, ils sont si absorbés par leurs jeux qu'ils ne

remarquent pas notre présence. Chacune des deux éducatrices explique à un groupe d'enfants comment utiliser
pinceaux et peinture à la détrempe. Les feuilles de dessin
sont grandes au point de recouvrir entièrement les tables,
au-dessus desquelles se pressent les petites mains dodues et
les têtes penchées. Ils dessinent. Vieva m'explique que l'on
utilise des feuilles de dimensions et de formes différentes,
même pentagonales ou triangulaires, afin que les enfants
s'habituent à occuper divers types d'espaces.

Mon regard s'arrête sur une table de trois enfants. Ils
sont debout et, serrés les uns contre les autres, forment
une haie le long d'un seul côté de la table.

« Voici Enrico, Roberto et Laura », m'explique Vieva,
qui anticipe toutes mes questions. « Ils ont environ quatre
ans. Ils sont toujours ensemble parce qu'ils " s'aiment
bien ", comme ils disent. Les enseignants les laissent libres
de se choisir. Ainsi, dès les premiers jours, les enfants se
regroupent selon leurs affinités. Et durant les premières
semaines, ils nouent tous les types de relations sous une
forme élémentaire. Leurs liens sont très émotifs. Bien sûr il
y a des disputes, mais elles sont brèves, et les enfants se
retrouvent toujours. Ils sont complices lorsqu'ils font leurs
petites niches et tentent de s'en cacher. En les observant
bien, tu remarqueras que chaque groupe est autonome et
se suffit à lui-même. Ils résolvent les problèmes, affrontent
les épreuves, prennent des décisions. Aujourd'hui, Enrico,
Roberto et Laura ont l'intention de dessiner ce toboggan »,
conclut-elle en montrant le jardin. Effectivement les
enfants sont pris par leur création. De temps en temps, ils
lèvent leurs jolies têtes de leur feuille et regardent de l'autre
côté de la grande verrière, là où leur modèle se reflète.

Un peu plus loin, deux autres enfants. Leur table est
également recouverte d'une grande feuille de papier. Mais

ils ne dessinent pas. Ils parlent avec fougue, se donnent des bourrades, puis se replacent épaule contre épaule.

« Voici Marco et Matteo, ils ont cinq ans et vivent une relation affective équilibrée. Ils sont ici depuis deux ans, et disent qu'ils sont de grands amis. Ils sont presque toujours ensemble. Ils habitent le même immeuble et se voient tous les après-midi.

« Et ces deux-là au fond de la salle, c'est Serena et Margherita, elles ne se quittent pas non plus, poursuit patiemment Vieva. Elles ont quatre ans et les enseignants ont du mal à leur faire faire quelque chose. Elles bavardent toute la journée. Elles disent qu'il n'y a pas meilleures amies qu'elles. »

Qui sait ce qu'elles peuvent se raconter à cet âge-là ? « Tu sais certainement de quoi elles parlent, dis-je à Vieva. Elles doivent te le dire, à toi.

— Elles parlent de tout. De leurs parents, des dessins animés qu'elles ont vus la veille. Elle regardent les mêmes programmes, et le lendemain elles les commentent. Elles s'inventent aussi des histoires, en modifiant la trame des films qu'elles ont vus à la télé. Elles me disent qu'elles sont bien ensemble, qu'elles préfèrent l'école à la maison. Et le soir, en se couchant, elles ont envie que le jour arrive bien vite pour pouvoir se retrouver. Un lien vraiment fort.

— Ce sont donc deux amies intimes. Leur amitié ne me surprend pas, elle se produit d'ordinaire chez les enfants du même âge et du même sexe. Mais maintenant montre-moi les fiancés dont tu m'as parlé.

— Les voilà ! Ils s'appellent Eleonora et Angelo et ils ont cinq ans. »

À l'écart d'un petit groupe d'enfants allongés par terre autour d'une grande feuille de dessin, j'aperçois les deux fiancés. Ils se tiennent par la main, sont assis tout près l'un de l'autre, et parlent à voix basse. Se sentant observés, ils penchent la tête et sourient avec embarras.

L'heure de la sortie approche. Les enseignants invitent leurs élèves à ranger les objets et les jouets, ce qu'ils se dépêchent de faire avant de sortir de la salle et de se diriger vers les toilettes. Même les deux fiancés passent devant nous en courant.

Nous les suivons. Une certaine confusion règne devant les lavabos : pendant que l'un rit, se lave les mains en bavardant ou fait gicler de l'eau, un autre laisse échapper le savon ou proteste contre celui qui n'a pas attendu son tour pour s'essuyer les mains. Face à un lavabo, les deux fiancés se murmurent quelque chose en se livrant à un véritable jeu de regards. Angelo fait des bulles de savon, Eleonora essaye elle aussi, mais sans beaucoup de succès. Angelo lui montre comment s'y prendre.

« À table, les enfants ! »

Il est temps pour nous de repartir. Je suis reconnaissant à mon amie de m'avoir initié à l'univers indéchiffrable des enfants. Indéchiffrable pour moi, me dis-je, tandis que je m'efface devant elle pour la laisser sortir. Vieva semble à son aise dans ce monde. Les enfants, elle les connaît depuis des années, eux et tous leurs secrets.

« Je crois avoir identifié quatre types fondamentaux de relations, dis-je à Vieva tout en faisant démarrer la voiture. *Le groupe* constitué par Luca, Roberto et Laura, *la rencontre émotionnelle* qui s'est produite entre Jessica et ses compagnons de jeu. *L'amitié* née entre Marco et Matteo, Serena et Margherita. Et *l'énamourement* * *infantile* né

---

* Francesco Alberoni emploie régulièrement le terme italien *innamoramento*, dont il n'existe pas de réel équivalent en français. Nous avons choisi d'employer le terme *énamourement* qui, bien qu'un peu vieilli et précieux, est peut-être le substantif le plus proche du mot italien. (*N.d.T.*)

entre Eleonora et Angelo. Chacune de ces relations consti-
tue une brèche permettant de sortir de l'enceinte de la
famille [1], une porte menant vers le monde extérieur. Pour
pénétrer dans le territoire de la crèche ou de l'école maternelle, il est nécessaire d'établir un rapport avec une personne adulte, par exemple l'éducatrice. Pour commencer à
quitter l'enceinte de la famille, on a besoin d'une relation
amoureuse avec ses pairs : amitié ou énamourement. Et
tes petits semblent préparés à cela.

— Oui, dit-elle en riant, presque tous sont prêts à sau-
ter par-dessus la barrière. »

Je gare la voiture dans la cour de ma maison toscane, et
demande à Vieva, très pensive : « As-tu encore un peu de
temps à me consacrer ? » Peut-être s'interroge-t-elle sur le
type de recherche que j'ai l'intention de faire. Elle
se doute que je ne suis pas seulement intéressé par le
comportement des enfants. Et elle a raison.

« Oui, j'ai un moment.

— Alors viens, allons voir si ma femme peut nous
offrir un apéritif. »

Une fois à la maison, je la guide jusqu'à mon cabinet de
travail. Rosa, ma femme, arrive peu après avec un plateau
chargé de verres, de boissons, et une assiette de parmesan
coupé en dés.

« La visite à la crèche a-t-elle été intéressante ? »

---

1. Voir Luigia CAMAIONI, *L'interazione tra bambini*, Rome,
Armando, 1980 ; Francesco DE BARTOLOMEIS, *Il bambino dai 3
ai 6 anni e la nuova scuola infantile*, Florence, La Nuova Italia, 1968 ;
voir également Donald WINNICOTT, *The Family and Individual Deve-
lopment*, Londres, Tamstock, 1965.

demande ma femme à Vieva, qui lui sourit en prenant le verre qu'elle vient de lui servir.

« Très instructive », dis-je tout en observant le pré par la fenêtre. Il est d'un vert intense et les feuilles des hauts peupliers brillent dans le soleil de mai. Je reviens vers le centre de la pièce et m'assieds face à Vieva. « Je te remercie du temps que tu m'as accordé. À présent je vais t'expliquer pourquoi je tenais tellement à ce que tu me fasses visiter cette crèche.

— Tu n'es pas obligé... je l'ai fait volontiers... », dit-elle en détournant ses grands yeux verts.

« Non, je te le dois, d'autant plus que j'ai l'intention de te demander ta collaboration. Depuis de nombreuses années j'ai le projet de mener une recherche sur l'énamourement chez les enfants et les adolescents. Mais j'ai toujours remis cela à plus tard. Jusqu'au jour où j'ai décidé de m'y mettre. » Ma femme, ma complice dans le travail, me tend un journal. « Il y a quelques mois, j'ai été frappé en apprenant la nouvelle du suicide d'une jeune fille de treize ans. Le journaliste nous informe que, l'été précédent, elle était tombée amoureuse d'un garçon plus vieux qu'elle, employé de l'hôtel où elle passait quelques semaines de vacances. On ignore ce qui a pu se produire entre eux pendant cette courte période. Le garçon s'est sans doute borné à être gentil et affectueux avec sa très jeune cliente. Mais elle n'attendait probablement que cela pour imaginer le grand amour. Parce que l'énamourement n'éclate que si l'on estime qu'il a une chance d'être partagé. C'est pourquoi un geste ou un signe mal interprété suffisent à faire naître l'espoir et à déclencher l'énamourement. Quelque chose de ce genre a dû se produire chez la malheureuse jeune fille : elle est tombée amoureuse et a nourri l'espoir que son amour pourrait être partagé. De retour chez elle, elle s'est alors mise à lui écrire de longues lettres auxquelles il n'a pas répondu. Un jour, une lettre arrive en provenance du village des vacances. Croyant qu'elle lui est destinée, que son bien-aimé lui répond enfin, le cœur de la jeune fille s'emballe. Mais le courrier est adressé à son grand frère qui s'était lié d'amitié avec quelques jeunes du coin. La déception plonge la jeune fille dans un profond abattement. Elle décide de se tuer. Après avoir avalé un tube de somnifères qui traînait dans la maison, elle meurt quelques heures plus tard. »

Vieva hoche la tête : « C'est le drame d'une adolescente incomprise, que l'on n'a pas écoutée. Il arrive même que certains jeunes se suicident à cause d'une mauvaise note à l'école. Mais ces tragédies sont toujours la conséquence d'une accumulation de causes et de raisons profondes.

— Ces raisons profondes, nous ne les connaissons pas. Nous pourrions tout juste nous livrer à certaines suppositions. Cette jeune fille a peut-être eu un moment de désespoir qu'elle n'a pas pu supporter. Si quelqu'un, à cet instant, l'avait consolée ou simplement distraite, elle n'aurait peut-être pas commis ce geste irréparable. Impossible de le savoir... En revanche on peut supposer que si elle en est arrivée à se tuer, c'est que sa souffrance devait être intolérable. La faculté d'aimer varie beaucoup d'un individu à l'autre. Certains aiment passionnément, souffrent, risquent leur vie pour une personne. D'autres sont absorbés par le travail, les amis, le sport, les jeux collectifs. Mais face à ces gestes extrêmes, je me rends compte que je ne sais rien, ou presque rien, sur les amours enfantines et adolescentes. Les adultes que nous sommes avons tendance à les considérer comme des bagatelles, à ne pas les prendre au sérieux, à en sourire. Ce que les adolescents nomment amour n'est en fait souvent qu'une toquade, qui disparaît aussi brusquement qu'elle était venue, ou encore une exhibition, un jeu. Mais est-ce toujours ainsi ?

— Nous savons également que pendant l'adolescence les enfants se détachent de leurs parents et construisent leur propre identité. Un processus difficile. »

Toujours les parents ! me dis-je. C'est une déformation professionnelle qui a contaminé aussi Vieva. Je sais cependant qu'elle est souple, disponible, attentive. Il faut que je la secoue. « Pourquoi les psychologues parlent-ils toujours des parents et non pas des amours de l'enfant ? » Mon ton est volontairement provocateur.

— Parce que le lien parental, objecte Vieva avec un sérieux professionnel, reste le plus important.

— Mais tu as de nombreux collègues qui ont tendance à exagérer, et je vais t'en faire la démonstration. » Je me lève, m'approche de la bibliothèque et prends un livre traitant de la psychologie de l'adolescence. Je l'ouvre à l'endroit où j'avais inséré un marque-page. L'auteur, un thérapeute, raconte la tentative de suicide d'une jeune fille. Il reconstruit dans les moindres détails ce qui s'est passé entre sa mère, son père et elle depuis sa première semaine de vie. Mais il omet de demander à la jeune fille pourquoi elle a tenté de mettre fin à ses jours. Il se comporte comme s'il n'existait que ces trois personnes au monde. Comme si rien d'autre n'avait d'importance dans la vie de l'adolescente. Comme si elle n'avait ni proches, ni amis, ni idéaux, ni rêves, ni amours.

« En lisant le compte rendu de ce cas, tu seras convaincue que mes doutes ne sont pas sans fondement. Tu verras que l'adolescente tente de dire à son thérapeute qu'elle a subi une grave déception amoureuse. À un certain moment elle lui dit : " Je me cramponne toujours à mon petit ami, il est très important pour moi. " Mais le thérapeute n'écoute pas. Il lui demande une fois de plus quel

est son rapport avec son père. L'adolescente insiste :
" Cette année je suis seule, je ne suis pas habituée à surmonter les choses seule... " Et il commente ainsi : " Le
sentiment de solitude est lié à l'existence ou à l'absence de
communication. Ton père sait peu de chose de toi, mais
sur le plan affectif, tu ressens son absence. " La mère
intervient pour lui expliquer que sa fille était très tendue,
qu'elle n'avait pas de bons résultats scolaires, que sa relation avec son petit ami allait à la dérive. C'est pendant
cette période qu'elle a tenté de se suicider. Mais le thérapeute ignore ces informations et lui demande si, lorsqu'elle était petite, elle était amoureuse de son père.

— C'est invraisemblable. Montre-moi. »

Vieva s'empare du livre et consulte attentivement le
compte rendu. Ma femme me fait signe de ne pas trop
exagérer. Je me rends compte que j'ai parlé avec flamme,
et que Vieva pourrait interpréter mes mots comme une
accusation contre elle et sa profession. Elle sait que je
l'estime, mais ce n'est pas une raison pour hausser le ton.
Je lis tout cela dans le regard de ma femme. Et j'aquiesce.

« C'est vrai, admet Vieva, le thérapeute n'écoute pas la
patiente ni la mère. Il ignore le choc amoureux et ne parle
que du père. On dirait un robot, pas un psychothéra-
peute. Aujourd'hui, cependant, un psychosexologue ne
commettrait pas une pareille erreur, conclut-elle en me
rendant le livre.

— Bien sûr. Mais j'ai tout de même l'impression qu'un
certain nombre de personnes continuent à se comporter
ainsi. La théorie privilégie les rapports que nous avons
eus avec nos parents, et c'est ainsi que tous les autres
événements émotionnels sont négligés, voire ignorés.
Seuls les artistes prennent au sérieux l'amour chez les
enfants et les adolescents. Lorsque Dante tombe amoureux de Béatrice, elle a neuf ans. La Lolita de Nabokov en

a douze. David Copperfield a sept ou huit ans lorsqu'il s'éprend de la petite Emily, qui en a cinq ou six. Je vais te lire ce qu'écrit Dickens. »

Je me lève pour aller chercher le roman. Ayant retrouvé le passage sans hésitation, je commence à lire à haute voix, tout en arpentant le bureau : « ... *J'étais amoureux de la petite Emily. Je suis sûr que j'aimais cette petite enfant avec tout autant de sincérité, tout autant de tendresse, plus de pureté et de désintéressement qu'il n'en peut entrer dans le plus bel amour de la vie ultérieure, quelque élevé et anoblissant qu'il soit* [...] *Je déclarai à Emily que je l'adorais, et que si elle n'avouait pas qu'elle m'adorait, j'en serais réduit à la nécessité de me tuer avec une épée. Elle dit qu'elle m'adorait, et je ne doute pas que ce fût vrai* [1]. »

Je pose le roman sur le bureau et m'approche de la fenêtre. Les feuilles bruissent dans la brise qui vient de la mer. « Selon la tradition, on n'oublie jamais son premier amour, dis-je tout en retournant m'asseoir face à Vieva. Mais qu'est-ce que le premier amour ? Est-ce le premier énamourement, la première passion, qui nous envahit lors de l'adolescence, est-ce l'amour, la toquade, l'engouement que l'on peut éprouver pour un chanteur, une star de cinéma ou un grand sportif ? Doit-on considérer comme " premier amour " l'énamourement entre enfants ? Car les enfants n'aiment pas seulement leurs parents ou leurs frères et sœurs. Comme tu le sais, Vieva, ils éprouvent pour les enfants de leur âge des sympathies marquées, des amitiés tenaces et de véritables formes d'énamourement. Je t'ai déjà parlé de ces amis à moi, mariés depuis maintenant quarante ans, qui étaient

1. Charles DICKENS, *David Copperfield*, trad. Sylvère Monod, Paris, Flammarion, 1978, p. 60.

tombés amoureux l'un de l'autre à la crèche. Hélas, le territoire des amours enfantines reste encore inexploré.

— Je ne suis pas d'accord. Aujourd'hui nous connaissons bien la vie affective et sexuelle de l'enfant.

— Vieva, je t'en prie, ne prends pas ce que je te dis pour un affront. Je te parle de la vie amoureuse en dehors de la famille. Il est vrai que sur le comportement sexuel, nous savons tout. La psychanalyse a rendu le sexe scientifique, légitime. C'est maintenant une chose qui peut être étudiée et décrite librement. Nous savons que les enfants ont des pulsions libidinales orales, anales, phalliques, nous connaissons tous les aspects de la sexualité prégénitale. Nous savons qu'ils connaissent l'envie du pénis et l'angoisse de la castration. Melanie Klein nous a appris qu'ils étaient sous l'emprise du bon et du mauvais sein, de la " figure combinée " des parents... Puis il y a eu les recherches de Kinsey, de Master et Johnson. Mais personne n'a jamais fourni de réponse à la question que je me suis toujours posée : les enfants tombent-ils amoureux ? Leur énamourement est-il semblable à celui des adultes, ou totalement différent ? Et s'il est différent, en quoi l'est-il ? Lorsqu'ils sont rejetés, ignorés, en souffrent-ils ? Les adultes rient d'eux, leurs camarades se moquent d'eux. Mais ne souffrent-ils pas réellement ? Et lorsqu'en revanche ils sont aimés en retour, lorsque leur amour trouve un écho, cette expérience positive ne contribue-t-elle pas à les rendre plus forts ? À leur donner confiance dans les autres, dans le monde ? Je voudrais aussi comprendre ce type d'amour que j'ai observé si souvent chez les adolescentes de douze, treize ans, lorsqu'elles s'entichent d'une star bien plus âgée qu'elles. Cet amour-là ne semble pas lui non plus laisser de traces, ni signifier quoi que ce soit. Mais est-ce vraiment le cas ? Ou est-ce plutôt le contraire qui est vrai : que la petite fille amoureuse de la star s'habitue à rêver, à désirer, à vouloir un type d'hommes très différents de ceux qu'elle croisera dans sa vie ? En attendant, elle s'habitue à rêver d'un niveau de vie élevé que ne pourra jamais lui offrir l'homme qu'elle rencontrera. Cette manie d'imaginer et de rêvasser ainsi, typique de l'adolescence, ne serait-elle pas la cause de l'insatisfaction et de l'inquiétude que nous observons chez certaines femmes adultes ?

— Tu te poses beaucoup de questions, commente Vieva en se levant, le sourire aux lèvres. Mais vas-tu trouver les réponses ?

— Pour trouver, il faut chercher, et tu le sais bien. Je commencerai à chercher, à observer, à écouter les enfants, les adolescents. Ils seront mes maîtres. »

Vieva ne dit rien tandis que je la raccompagne à sa voiture. Après son départ je me suis assis, comme à mon habitude, dans le fauteuil à bascule devant la maison. Et je suis resté là à regarder le grand pré, ressassant question après question. Par où commencer ? Par l'expérience directe, personnelle, par les conversations avec les enfants, par l'écoute de témoignages [1]. Il n'y a pas d'autre voie.

---

1. La recherche qui sert de fondement à ce livre a été financée par la SAI et sera désormais citée sous le nom de recherche SAI. Elle a été menée en cinq étapes : *SAI 1* : Visites dans une crèche et une école maternelle, et cinquante entretiens cliniques avec des enfants de 8 à 10 ans, avec le concours de Vieva Casini en Toscane. *SAI 2* : Recherche menée à l'aide de questionnaires auprès d'élèves de *CM1* et *CM2* (âgés d'environ 9-10 ans), et de Sixième et Cinquième (âgés d'environ 11-12 ans) à Milan. L'échantillon était le suivant : *CM1*, filles : 92, et garçons : 111 ; *Sixième-Cinquième*, filles : 93, et garçons : 103. *SAI 3* : Recherche avec questionnaire menée sur des filles et garçons, de la Quatrième à la Terminale, à Milan. Ces élèves ont entre 13 et 19 ans, et l'échantillon était le suivant : *Quatrième*, filles : 43, et garçons : 49 ; *Troisième*, f. 43, g. 49 ; *Seconde*, f. 50,

g. 51 ; *Première*, f. 50, g. 50 ; *Terminale*, f. 95, g. 100. Total : f. 288, g. 307. *SAI 4 :* Recherche avec questionnaire menée sur des filles et garçons en première année de faculté, dont les âges sont compris entre 19 et 22 ans. L'échantillon était très déséquilibré en faveur des filles (243 filles et 57 garçons). La recherche a été conduite à nouveau sur un autre échantillon, mais avec des proportions analogues. *SAI 5 :* Trente entretiens cliniques d'adolescents des deux sexes et trente entretiens cliniques de jeunes femmes et jeunes hommes de 20 à 30 ans à qui l'on a demandé de reconstruire leur histoire amoureuse. — Le livre fera référence à des informations provenant d'une recherche que nous avons menée en 1996 et qui a été financée par la Omnitel. Elle sera désormais citée sous le nom de recherche Omnitel. Elle a été réalisée à Milan et porte sur des garçons et filles de cinq groupes d'âges : 13, 14, 15, 18, 21 et 28 ans.

CHAPITRE II

Amours enfantines

Un cas banal

Un lion de deux mois est déjà un lion, il a le cerveau et les instincts d'un lion, et non ceux d'un singe ou d'une grenouille. Qui sait pourquoi ce bon mot me vient à l'esprit pendant que j'observe dans le miroir mon neveu Angelo en train de passer et repasser derrière moi. Il m'a rejoint dans la salle de bains sous le prétexte de me lire une rédaction qu'il vient d'écrire. Après me l'avoir lue à la hâte, et sans même me demander mon opinion, il s'est mis à parler du match de la veille. Il est gardien de but dans l'équipe locale, ça lui plaît beaucoup, et comme d'habitude lorsqu'il m'en parle, il a du mal à contenir son excitation.

Voyant qu'il s'attarde à me raconter les détails, je lui demande : « Comment ça s'est terminé ?

— J'ai laissé passer un but.

— Je ne te crois pas.

— Pourtant c'est vrai. Scott n'était pas là. »

Scott est l'arrière de l'équipe, et c'est son meilleur ami. Ils sont dans la même classe depuis quelques années. Scott s'appelle en réalité Andrea, mais lorsqu'ils ont commencé à jouer dans la même équipe, ils se sont donné des surnoms empruntés à la série télévisée *Star Trek*. Mon neveu est surnommé Spock, Andrea est surnommé Scott, et l'entraîneur, Kirk. Ce n'est qu'un jeu, mais grâce à ces noms qu'ils se sont choisis, ils ont l'impression d'être des héros.

« La prochaine fois vous vous rattraperez, ne te fais pas de bile, Spock.

— L'entraîneur m'a dit que si la prochaine fois je laisse passer un seul but, il me flanque à la porte pour le reste de la saison.

— Mais Scott reviendra pour le prochain match, et vous gagnerez.

— Il faut qu'on gagne aussi sans Andrea. »

Je devine que ce n'est pas pour cette seule seule raison qu'il m'a suivi dans la salle de bains. Il est vrai qu'il le fait depuis toujours, depuis l'âge de deux ou trois ans, aussi bien avec moi qu'avec ma femme. Elle l'adore, le préfère à tous nos autres neveux et nièces. Et il le sait. C'est tellement vrai que désormais, lorsque nous allons rendre visite à mes beaux-parents, nous avons l'habitude qu'il soit avec nous, où que nous soyons. Dans la salle de bains, dans le bureau, dans la chambre. C'est comme si c'était notre fils. Angelo est grand, ses cheveux sont blond foncé, et ses yeux d'une couleur rare : bleu ciel avec des paillettes jaunes. Quand il rit, comme en ce moment parce que je lui ai mis un peu de crème à raser sur le bout du nez, c'est un plaisir de le regarder.

« Et avec Marina, comment ça va ? » Je change de sujet, j'explore.

Marina est une ravissante petite fille aux cheveux longs et noirs. Ils fréquentent la même école, mais ne sont pas dans la même classe. Il y a encore quelques mois, elle lui envoyait des mots doux avec des dessins et des phrases comme : je t'aime, tu es mon grand amour, etc. Lettres qu'il me montrait en cachette, avant de courir les dissimuler dans un endroit sûr. Je me souviens que l'été dernier, il lui avait offert un petit cœur en argent. En réalité, nous l'avions choisi ensemble. J'étais allé récupérer ma montre, et il m'avait accompagné. Pendant que l'horloger m'en montrait une nouvelle, j'avais remarqué qu'Angelo contemplait un petit cœur. « Combien coûte-t-il ? » avait-il demandé timidement. Ayant compris à qui il voulait l'offrir, j'avais dit le plus naturellement du monde : « Il n'est pas mal du tout, prenons-le. »

Je me souviens aussi d'un après-midi où je les avais vus jouer au jardin avec d'autres enfants. Marina arborait le petit cœur en argent. Et Angelo rougissait lorsqu'il parvenait à effleurer la main de son amie qui ne cessait de secouer la tête pour bouger la masse de ses cheveux noirs, comme une adolescente consciente de sa beauté.

« C'est fini.

— Comment donc ?

— À l'école ils nous ont changé les horaires. Du coup on ne peut plus se voir...

— Allons, ne dis pas n'importe quoi.

— Bon, d'accord. Andrea est tombé amoureux d'elle lui aussi. Alors, pour ne pas faire de jaloux, elle nous a lâchés. J'ai eu du mal à m'en remettre, je n'arrivais plus à dormir. Je cherchais un moyen de la séduire de nouveau. J'avais envie de la revoir, je lui ai couru après pendant des jours et des jours. Je lui ai parlé, mais ça n'a servi à rien. Elle est complètement indifférente. Un soir j'ai rencontré Andrea qui traînait près de chez Marina...

— ... et tu lui as mis ton poing dans la figure.

— C'est ce que je voulais faire. Mais j'ai vu qu'il était plus triste que moi... » Il secoue la tête et retrousse la lèvre supérieure, tout en jouant avec mon rasoir.

« Et toi, que penses-tu de la décision de Marina ?

— D'abord j'ai pensé que c'était une erreur, mais

ensuite je me suis dit que c'est elle qui avait raison, qu'elle avait bien fait, en somme. »

Je ne m'attendais pas à ce genre de conclusion, pleine de sagesse et de respect pour son copain et pour sa petite amie. Nous autres adultes, aurions-nous réagi de la même manière ? Probablement pas. Que peut-on en conclure ? Que les enfants sont plus sages ou que leurs passions sont moins exacerbées, plus facilement contrôlables ? Ou peut-être que se sentant plus faibles, plus dépendants des forces extérieures, ils se plient à une réalité sur laquelle ils n'ont aucune prise ? Angelo a vécu une difficile histoire d'amour. Il s'est retrouvé aux prises avec un événement nouveau, un délicat problème émotionnel, sans personne pour le consoler et l'aider à en venir à bout. Son ami s'était identifié à lui, comme cela arrive fréquemment. Jusqu'à finir par s'éprendre de la même fillette. L'identification est un mécanisme très ancien. L'autre, qui n'était pas au courant, est tombé dans le piège. Stupéfait et déconcerté, Angelo a découvert qu'il existait une contradiction entre son amour pour la petite fille et son amour pour son ami. Il était face à un dilemme, le premier des innombrables dilemmes auxquels il serait confronté par la suite. Quels effets cette expérience aura-t-elle sur lui ? Lui laissera-t-elle une blessure, l'aidera-t-elle à grandir ? J'ai tendance à penser que la blessure a été légère et sans conséquences. Les enfants doivent explorer le monde. Ils courent, et ne se font pas mal lorsqu'ils tombent. L'amour est aussi une exploration de soi, des autres, du rapport avec les amis. L'amour des enfants est joyeux, léger. Mais en suis-je vraiment sûr ? Je regarde attentivement mon neveu. Il est fort et fragile, confiant et vulnérable. Peut-être est-ce seulement par arrogance que nous ignorons les blessures de l'amour, que nous ridiculisons les sentiments des enfants et des adolescents. Ceux-ci s'isolent alors derrière un mur de silence. Blessés et pleins de pudeur, ils cherchent à s'en sortir tout seuls, avec les moyens du bord.

« Mais maintenant il y a Annachiara », me dit Angelo en s'asseyant sur la panière à linge, le coude appuyé sur la tablette du lavabo. Il sait qu'il peut se confier à moi, parce que j'ai écrit des livres sur l'amitié et sur l'amour et que je le prends au sérieux. Pourtant il a lâché ce nom comme quelqu'un qui a peur et qui, pour surmonter sa peur, se jette à l'eau.

En lui caressant la tête, je lui demande : « Comment est-elle ?

— Craquante. »

Il n'a que dix ans, mais se donne déjà des airs d'adulte. Et il a raison. Dans cette histoire, il s'est mieux comporté que ne l'aurait fait un homme mûr. Il n'éprouve aucune rancœur pour son ami parce que la douleur les a rapprochés. Il n'en éprouve pas non plus pour la fille qui, dit-il, « a fait le meilleur choix ». Et c'est vrai. Afin de ne pas détruire l'amitié des deux garçons et leur complicité sur le terrain de foot, elle a pris ses distances.

« Je l'ai connue il y a un mois... Elle est venue avec sa famille faire du cheval dans notre club hippique. Tu sais, tonton, avec Annachiara on ne s'écrit pas de mots, parce que j'utilise ça. » Il me montre un agenda électronique que son père lui a offert. « Quand on se retrouve, je communique avec elle en lui écrivant : " Je t'aime, tu es extra, hyper, ultra-belle. " Annachiara lit, efface et me répond : " Tu es super beau, je t'aime, tu es celui dont j'ai toujours rêvé... " et d'autres choses de ce genre. C'est formidable ! Quand je la vois, je ne comprends plus rien... Je transpire, j'ai des frissons, mon cœur bat, je deviens rouge. Tonton, quand je suis avec Annachiara, même mes oreilles rougissent. » Il rit, gêné.

« Tant que ce ne sont que les oreilles... Quand j'avais ton âge, je n'arrivais pas à parler à la fille dont j'étais amoureux. À peine s'approchait-elle de moi, je commençais à bafouiller. Et pour me tirer d'affaire je n'avais pas d'agenda électronique, alors elle se sauvait.

— Non, je ne te crois pas. Tu te moques de moi, comme d'habitude.

— Et pourtant je t'assure que c'est vrai ! Mais oublions ça. Dis-moi plutôt ce que tu lui as fait comme cadeau.

— Des petits chocolats. Et elle m'a offert un crayon électrique, hier soir. Peut-être pour me consoler de notre défaite.

— Elle est pleine de tact, cette Annachiara. Tu me la présenteras un de ces jours ?

— Elle vient ici aujourd'hui. Elle veut apprendre à monter à cheval comme son père. Pour le moment elle monte un poney.

— Parfait, ce sera l'occasion de lui dire quelques mots.

— Tonton, je t'en supplie, ne lui parle pas de nous.

— Et pourquoi pas ? Tu as peur que je lui dise du mal de toi ?

— Non, tu ne ferais pas ça, dit-il en frottant sa joue contre mon bras. Mais elle... je ne sais pas... elle pourrait mal le prendre. Promets-moi...

— Dis-moi, qu'est-ce que c'est que ces recommandations ? Est-ce que j'ai jamais révélé un de tes secrets ?

— Excuse-moi, tonton, je sais plus où j'en suis.

— C'est compris. Je serai muet comme une carpe.

— Non, c'est pas ce que je voulais dire. Parle-lui, et après...

— ... je te dirai ce que je pense d'elle. Allez, je vais essayer de m'en sortir. Promis. »

Toutes les attitudes d'Angelo imitent celles d'un adulte. Mais se contente-t-il de les imiter ? Ou bien leur emprunte-t-il des gestes, des mots pour exprimer son univers qui n'est pas moins authentique mais seulement différent ? Jusqu'à quel point est-il différent ? Y a-t-il vraiment un abîme entre l'amour infantile et l'amour adulte ? Entre l'amitié infantile et l'amitié adulte ? Je pense à ma femme qui, lorsqu'elle voit un enfant absorbé par ses jeux, me demande : « Qui sait à quoi pense cet enfant, en ce moment ? » Sa question reste suspendue dans le vide. Elle rit d'elle-même, et pourtant chaque fois, elle ne peut s'empêcher de se répéter la question. Et chaque fois je suis tenté de lui répondre : Il fait ce que toi et moi nous faisons lorsque nous concevons un livre, un programme de télévision. Nous construisons un monde fantastique en essayant d'une manière ou d'une autre de l'insérer dans la réalité. Cet enfant est déjà un être humain à part entière, comme un lion de deux mois est un lion. Bien sûr, il apprendra beaucoup de choses, son comportement changera, mais jamais il ne deviendra le petit d'un singe, ni celui d'une grenouille.

Un amour après l'autre

C'est un après-midi de juin. Vieva, ma femme et moi nous nous sommes réunis sur la terrasse de notre maison toscane. Nous décidons d'exposer chacun à notre tour l'un des cas dont nous avons eu connaissance. Je rapporte mon entretien avec Angelo, raconte son histoire d'amour en soulignant l'ingéniosité avec laquelle il a su faire front.

« Ne commets pas l'erreur de penser que tous les enfants sont plus ou moins égaux, commente Vieva. Dans le domaine des sentiments amoureux et de la passion, nous sommes confrontés à d'énormes contrastes. Des contrastes comparables à ceux qui existent au niveau de la corpulence, de la force musculaire. Ou encore de l'intelligence et de la créativité artistique. »

Après avoir bu une gorgée de jus de fruits, et tout en observant un couple de merles qui sautillent dans le pré, elle reprend : « Bien entendu, certains possèdent une extraordinaire richesse émotionnelle. Ils tombent passionnément amoureux et s'engagent à fond en amitié. D'autres, tout en ressentant des pulsions et des désirs, se dominent et se limitent à des relations superficielles. Enfin il y a ceux qui ne tombent pas amoureux et n'ont pas non plus de meilleur ami. Ils sont absorbés par d'autres choses, ne se préoccupent que de l'école, du jeu... du sport.

— Comme les adultes », dis-je. Elle me regarde, pensive. « Même les adultes sont très différents entre eux. Certains sont des amants passionnés, d'autres n'ont aucun caractère. Certains vivent de grandes amours durables, d'autres passent de l'un à l'autre. Peut-être ces différences se manifestent-elles déjà dans l'enfance, parce qu'elles sont d'origine génétique. Ou pour une autre raison.

— Alors tu seras intéressé par le cas d'une enfant qui tombe continellement amoureuse, mais jamais pour longtemps.

— Ça m'intéresse, Vieva. Ça m'intéresse beaucoup.

— Elle s'appelle Debora. Ses parents ne sont pas italiens mais vivent à Rome depuis longtemps. Ils ont une conception très rigide de l'éducation. Ils la surveillent de près, se montrent méfiants envers ses amis, multiplient les interdictions. Pourtant, Debora n'est pas une petite fille inhibée. En évoquant ses émotions amoureuses, elle sourit d'elle-même, et me dit qu'elle n'a jamais eu le courage de se fiancer, d'avoir une relation stable, bref, de se laisser aller. Elle est souvent tombée amoureuse, mais n'a jamais succombé parce qu'elle avait peur de perdre son amour. Peur que l'histoire s'arrête.

— Crois-tu qu'elle ait peur de ne pas être aimée en retour ? dis-je.

— Non. Ce qu'elle craint, m'a-t-elle dit, c'est que la relation ne soit pas solide, sérieuse, durable. Ses parents lui ont expliqué que l'amour est une chose astreignante, et qu'elle doit se montrer prudente.

— Mais cela ne l'empêche pas de tomber fréquemment amoureuse.

— C'est vrai. Elle est tombée amoureuse pour la première fois à trois ans d'un certain Robert. Un " coup de foudre ", selon elle ; elle était folle amoureuse, il était amusant et sympathique, et l'aimait lui aussi. Ils étaient toujours ensemble, ils allaient jouer sur la plage. En son absence, Debora faisait comme s'il était là. Un jour sa mère l'a vue parler toute seule et gesticuler. Elle lui a demandé à qui elle était en train de parler. Avec naturel, l'enfant lui a répondu : " Avec Robert. Quand il n'est pas là, je fais comme s'il était là. On se dispute, puis on fait la paix. " Ces mots de Debora ne me surprennent pas. À cet âge-là, les enfants vivent dans un monde imaginaire.

« La famille déménage ensuite dans un autre quartier de Rome, poursuit Vieva, et Debora tombe amoureuse de Rudy. Ils ont tous les deux quatre ans. C'est de nouveau une attraction soudaine, que Debora définit encore comme un " coup de foudre ". Il était sympathique, amusant, mignon, un blond aux yeux bleus. Il lui demande de se fiancer avec lui, mais elle refuse. " Je lui ai dit non, j'avais trop peur qu'il me quitte après. " En disant cela, elle soupire, comme si elle s'était libérée d'un poids sur le cœur. " Si tu savais quelle tendresse j'ai éprouvée pour elle ", ajoute Vieva, les yeux brillants, avant de continuer.

« A six ans, Debora tombe amoureuse pour la troisième fois. Il s'appelle Ludovic. Puis, à neuf ans, elle rencontre Sergio. Il a treize ans, et elle tombe amoureuse de lui " tout de suite, à la folie, énormément ", selon ses propres mots. Cet amour dure un an. Il n'est pas partagé, mais ça ne l'empêche pas d'être heureuse. À dix ans, pendant les fêtes de Pâques, elle a un autre coup de foudre pour Marco, un beau brun aux yeux noirs. Il lui demande de se fiancer, mais Debora refuse à nouveau. Cette fois-ci son amour pour Marco dure six mois. Pendant l'été elle s'éprend d'un garçon de onze ans, aux cheveux châtains. Ensuite vient Lucio qui a douze ans. Avec lui, elle ne s'engage pas non plus.

— Comment expliquez-vous ces amours si fréquentes, si intenses et, en même temps, si fragiles ? » demande ma femme.

Vieva lui répond : « Debora a intériorisé les interdictions de ses parents, qui l'empêchent de s'abandonner, de s'engager. Alors, son désir se fraie un chemin à travers des toquades soudaines et de violents coups de foudre, ce qui est une manière d'abolir les barrières de la censure. Mais celles-ci refont surface en interdisant l'instauration de liens stables, profonds, durables. Debora possède une solide autodiscipline. Face aux garçons dont elle est amoureuse, elle ne rougit pas, elle ne perd pas son souffle. Elle ne souffre pas quand son amour n'est pas partagé. Elle aime se sentir amoureuse. Elle jouit de son expérience intérieure, de l'excitation amoureuse, et non pas du résultat.

— Pourtant, dis-je, en affirmant qu'elle a peur de ne pas être vraiment aimée elle rationalise son comportement. Ses parents lui ont expliqué que l'amour est une chose sérieuse et contraignante. Elle se sert de cette idée justement pour ne pas trop s'impliquer dans ses amours. Elle tombe sans cesse amoureuse et accuse les autres d'être volages. »

Vieva est un peu déroutée par mon affirmation. « Ne sois pas sévère. L'amour enfantin naît de façon pure et spontanée. Debora est douce, passionnée, très sensible.

— Je ne voulais pas être sévère. Au contraire, je suis sûr que Debora est une enfant délicieuse et sans malice. Son mécanisme de défense est inconscient. Je ne sais même pas si plus tard elle sera toujours comme ça. Sans doute pas. Ses fortes pulsions se heurtent aux interdictions non moins fortes de ses parents. La lutte entre ces deux puissances engendre une succession d'amours brèves et superficielles. Cela peut se poursuivre pendant un certain temps. Mais au cours de l'adolescence ou plus tard, il peut aussi arriver que les pulsions de Debora l'emportent et qu'éclate un grand amour qui l'aidera à briser ces liens qui, pendant longtemps, l'avaient retenue prisonnière. Elle pourra alors s'impliquer dans un projet amoureux durable. Pour le moment je me borne à constater que les enfants ont des comportements et des raisonnements dont nous pensons qu'ils sont typiques des adultes.

— Il y a une autre chose qui me semble importante, et qui distingue Debora des adultes. Même lorsqu'elle n'est pas aimée en retour, elle est satisfaite, car elle aime se sentir amoureuse. Son plaisir d'aimer, sa joie d'aimer sans exiger rien en échange, sont pour moi une belle leçon.

— Vieva, je sais que tu aimes et admires les enfants. Tu admires leur fraîcheur et leur innocence. Tu les respectes profondément et tu as raison. Quoi qu'il en soit, la tendance normale est d'avoir envie d'être aimé de retour. Cette capacité à jouir de son propre amour, alors même qu'il n'est pas partagé, pourrait également être un mécanisme de défense contre la peur de la frustration. Les jeunes filles qui s'entichent d'une star de la chanson ou du sport y ont recours elles aussi. Elles ont des posters qui la représentent sur tous les murs de leur chambre, elles en

rêvent, elles l'aiment tout en sachant qu'elles ne pourront
jamais être aimées. Mais, justement parce qu'elles en ont
conscience, elles ne risquent rien. Elles se nourrissent de
fantasmes. Elles se sentent enrichies par leur excitation
même, par leur capacité d'aimer. »

Vieva aquiesce, pensive.

« Et maintenant, dis-je, je vais vous raconter un cas qui
m'a beaucoup frappé. N'étant pas un conteur, je vous
demande de ne pas m'interrompre. Je vous le raconte tel
quel, en utilisant autant que possible les mots du petit
garçon, et vous pourrez ensuite me poser toutes les questions que vous voudrez. »

Amour total

« J'ai rencontré Massimiliano chez mes neveux. Il a dix
ans, il est en CM2. Lorsque je lui ai demandé s'il était
déjà tombé amoureux, son visage s'est illuminé. " Oui,
m'a-t-il immédiatement répondu. En colonie de vacances
au bord de la mer, j'ai connu Elena et j'ai eu un vrai coup
de foudre. " En somme elle lui a plu " tout de suite et
énormément ". Dès le début il s'est senti ému, il transpi-
rait, son cœur battait à tout rompre. Un jour, cédant à
une impulsion soudaine, il grimpe sur sa bicyclette et se
rend à l'épicerie et à la papeterie les plus proches pour
acheter, d'une part des petits chocolats, et de l'autre des
fleurs en tissu. Puis, rapide comme l'éclair, il se précipite
chez lui, prend le parfum de sa mère et en asperge les fleurs.
Il repart comme une flèche et arrive à temps pour les offrir
à Elena qui est " si heureuse qu'elle en saute de joie ". C'est
toute une stratégie de séduction. Le lendemain Elena offre
à Massimiliano un anneau " tout en or ", en lui deman-
dant de ne jamais s'en séparer. Au comble du bonheur et

de l'émotion, Massimiliano, "tout rouge", lui répond qu'il a trop peur de le perdre pour porter l'anneau à son doigt. Il craint aussi que ses parents le lui confisquent. Il promet donc à Elena de le cacher dans un endroit sûr et secret. Elle lui demande alors s'il veut devenir son "fiancé". Bouleversé, Massimiliano est incapable de prononcer un mot. "Je suis resté silencieux pendant cinq minutes, et j'ai répondu oui. Mais je tremblais." À ce souvenir, la voix de Massimiliano tremble encore. Le voilà qui s'arrête, tandis que, détournant les yeux, je fais semblant de ne pas me rendre compte de l'émotion qui fait vibrer sa voix. Il reprend : après sa réponse affirmative, la petite fille lui annonce qu'ils doivent faire le vœu de ne jamais se quitter. Il s'agit donc non seulement d'un échange de cadeaux, mais aussi d'un vrai pacte de fidélité dans le temps. Ils sont ensuite allés se faire photographier, pour "se voir ensemble même lorsqu'ils sont loin l'un de l'autre". À la fin de l'été Massimiliano décide de prouver son amour à Elena. Il l'amène dans son "endroit secret, que personne ne connaît". C'est une maisonnette qu'il a découverte à la campagne. Ils entrent et s'embrassent. Ils sont émus. "On s'est regardés et nos corps se sont rapprochés, me dit-il encore stupéfait de sa découverte. Nos cœurs battaient si fort que je sentais le sien et elle le mien." Elena semblait encore plus émue que lui et Massimiliano en avait la chair de poule. Leurs corps étaient pressés l'un contre l'autre, et il l'embrassait sur la bouche. Ils se sentaient heureux comme "cela ne leur était jamais arrivé". Depuis ce jour ils se sont retrouvés d'innombrables fois pour jouer et s'embrasser.

« L'attachement entre ces deux enfants est vraiment exceptionnel. À la fin des vacances, ils ne rompent pas leur relation pour autant. Massimiliano annonce à ses parents qu'il est amoureux. Compréhensifs, ils l'amènent souvent voir la petite fille qui habite une ville voisine. Ils s'écrivent des lettres : Je t'aime, on ne se quittera jamais ; et s'envoient des dessins. Ils s'appellent souvent. Parfois, ne voulant pas " révéler tous ses secrets à ses parents ", Massimiliano profite de leur absence pour téléphoner. Il a des amis, mais ne leur parle pas d'Elena car il souhaite la protéger : " Elle est la meilleure chose de l'univers. " En ce moment ils font des projets pour les cadeaux de Noël et, plus important encore, pour leur future vie ensemble. Elena est contente que Massimiliano fasse du motocross et qu'il veuille devenir moniteur de surf. Il souhaite également faire des études d'architecture. Quant à elle, elle voudrait être cuisinière et ouvrir un restaurant. Il lui a dit que, dès qu'il serait architecte, il l'aiderait à en faire un restaurant splendide. Ils ont élaboré un vrai projet de vie à travers lequel chacun pourra s'exprimer et exprimer son individualité, un projet qu'ils réaliseront ensemble, en s'aidant mutuellement. Massimiliano prétend ne pas être jaloux. Naturellement il " sortirait de ses gonds " si Elena se mettait avec un autre, mais il est persuadé qu'elle ne le fera pas, parce qu'elle l'aime et qu'elle est fidèle à leur pacte.

« Comme tu vois, Vieva, outre le *pacte de fidélité*, Massimiliano et Elena ont fondé ce que j'appelle le *pacte de continuité* dans le temps, et élaboré un vrai *projet* pour une future vie commune. J'avoue que ce petit garçon m'a frappé. Ses gestes, sa façon de faire la cour, ses préoccupations sont enfantins. Mais la structure de sa relation avec Elena, leur rapport d'amour passionnel, la violente émotion et enfin le sérieux du pacte et du projet, sont parfaitement comparables à ceux que l'on retrouve chez l'adulte amoureux. Je dirais même que les adultes sont souvent plus hésitants, confus, ambigus et hypocrites. Il est évident que ce type d'amour entre deux enfants n'est possible que dans la mesure où les parents le prennent au sérieux.

Mais ce ne sont pas les parents qui ont guidé et piloté Massimiliano et Elena. Ils leur ont simplement permis de développer leur relation amoureuse en s'arrangeant pour que, n'habitant pas la même ville, leurs enfants puissent tout de même se voir. Le reste, Massimiliano et Elena l'ont fait tout seuls. Parce que la faculté de tomber amoureux est une propriété de l'être humain. La séduction est un héritage qui nous vient directement des animaux. Finalement, l'engagement, le pacte de réciprocité, de fidélité et de continuité, sont des processus mentaux que l'enfant maîtrise très tôt.

— Un lion de deux mois est déjà un lion, il ne se comportera jamais comme un singe ni comme une grenouille », commente ma femme.

Vieva rit.

« Désormais tu es convaincu que tout ce qu'on trouve chez l'adulte, on le trouve aussi chez l'enfant et *vice versa*. Vieva est plus prudente, et je la comprends. La psychologie et la pédagogie modernes refusent catégoriquement l'idée que l'enfant soit un adulte en miniature. Mais dès lors que tu auras précisé ton point de vue à l'aide de cas et de données, Vieva te suivra peut-être dans cette voie. Pour l'instant le parcours lui paraît un tantinet hérétique.

— Mon ami Willy Pasini me considère plutôt comme quelqu'un qui ouvre des pistes dans le domaine des sentiments. Vieva, penses-tu que je sois un hérétique ? Ce que je dis est pourtant simple. Les enfants appartiennent à l'espèce *Homo sapiens*, et il ne fait pas de doute que nous avons tous certaines propriétés fondamentales de l'esprit en commun. Tous les êtres humains réussissent à parler, à apprendre une langue. Tous les êtres humains sont capables de pensée abstraite, de réussir certaines opérations mathématiques. Pour la même raison, j'ai toujours pensé que tous les êtres humains étaient capables de tomber amoureux. La recherche que nous sommes en train de mener me prouve que je suis sur la bonne voie. Les enfants aussi tombent amoureux. Qu'y a-t-il alors d'étrange et d'hérétique à ce que j'avance l'hypothèse que l'on peut les classer dans certaines catégories typiques de l'énamourement. Il est logique que certains d'entres eux s'éprennent plus facilement, plus intensément, tandis que d'autres tombent amoureux moins souvent, voire jamais. Certes, ces différences pourront s'expliquer par le type d'expériences vécues, ou par des causes psychologiques. Mais pour le moment il est important de déterminer s'il existe ou non des différences. Examinons donc l'ensemble des cas, et retenons ceux où les enfants ont des difficultés à tomber amoureux.

Celui / celle qui ne tombe pas amoureux

« J'ai un cas qui t'intéressera, j'en suis certaine, dit ma femme. Il s'agit de Myriam, une fillette de dix ans, qui n'est jamais tombée amoureuse. Elle a tenu à me préciser qu'elle a eu de nombreuses amies — mais aucun ami. Sa première amie s'appelait Loredana, elle l'a rencontrée au square à quatre ans et demi. Elles se voyaient souvent, faisaient de la bicyclette ensemble, jouaient avec d'autres enfants. Myriam trouvait Loredana sympathique et lui faisait confiance. Bref, c'était sa meilleure amie. Mais en quittant l'école maternelle pour l'école primaire, Myriam rencontra Marina. Cette dernière " avait la main leste " et, en guise de bonjour, lui donnait des tapes si fortes sur les épaules qu'elle la faisait décoller du sol. Elles avaient inventé ensemble un jeu appelé " le polisson ". Cette amitié a duré quatre ans, puis s'est terminée quand Marina s'est " débarrassée " de Myriam pour fréquenter plus assidûment Laura. Alors Myriam s'est trouvé une autre amie, Rosalba, avec laquelle elle a créé la " bande de l'Astronomie en folie ". Les nuits d'été, elles regardent les étoiles et parlent des planètes, du ciel.

— Elle n'est jamais tombée amoureuse d'un garçon ?

— Non, mon chéri, jamais. Le rapport avec Marina l'accaparait. D'ailleurs l'expression qu'elle utilise, " débarrassé ", semble plus adaptée à un amour qu'à une amitié. Il faut préciser que Myriam aurait voulu être un garçon. Elle ne se reconnaît pas dans ces " filles en jupes avec leurs chouchous dans les cheveux ". Il ne faut d'ailleurs pas sous-estimer la présence de sa petite sœur qui, elle, est vêtue comme une poupée. Ce qui intéresse le plus Myriam, pour le moment, c'est de s'amuser, de jouer, d'être en forme, de faire du sport. C'est pourquoi elle préférerait ne pas grandir. Lorsqu'elle pense à l'avenir, elle s'imagine avec un mari ouvert et amusant, comme son papa. Elle est très créative, et use de tous ses talents pour impliquer ses amies dans ce qui lui plaît : l'astronomie, l'archéologie. Ce qui ne l'empêche pas d'être jalouse d'elles lorsqu'elle n'est pas au centre de l'attention.

— Il me semble que le problème de Myriam est lié à son identité sexuelle, dis-je en regardant Vieva. Ou peut-être est-elle seulement trop attachée à son père ?

— Les deux à la fois, dit Vieva. L'identité sexuelle et l'identification au père sont liées. En tout état de cause, j'ai l'impression que cette petite fille est pleine de vie et courageuse. En revanche, dans le cas que je m'apprête à vous raconter, la peur et l'angoisse sont bien plus préoccupantes. Sara est une fillette de douze ans. Elle connaît Marta, sa meilleure amie, depuis l'âge de six ans. Dès leur rencontre, elles ont aussitôt éprouvé de la sympathie l'une pour l'autre, et depuis ce jour, elles se voient tous les après-midi après l'école. Elles sont devenues "amies-amies "... Elles parlent, jouent, se sentent bien ensemble.

Elles se font mutuellement confiance et ont les mêmes goûts. Plus tard, Sara rencontra Brigitte, avec laquelle elle se mit à passer de plus en plus de temps. Elle était sur le point de devenir sa meilleure amie lorsque Marta lui annonça qu'elle devait choisir : c'était soit elle, soit l'autre. Sara aurait préféré les considérer toutes les deux comme ses amies. Elle souffrit, se rebella. Mais rien à faire, Marta resta inébranlable. Alors Sara finit par la choisir. Mais elle était effondrée, en larmes, et chercha réconfort auprès de sa maman. Ici aussi, vois-tu, comme dans le cas précédent, nous sommes confrontés à la trahison et à la jalousie. Mais c'est Marta qui a mené le jeu, et Sara l'a subi.

« Tu te demandes sans doute pourquoi Sara n'est jamais tombée amoureuse. Elle m'a donné l'explication elle-même : elle a peur de fréquenter les garçons parce qu'elle " pense trop à certaines choses dont elle a entendu parler à la télévision. La drogue, le viol, et d'autres choses horribles ". Les garçons, elle les considère comme des copains, mais elle ne leur fait pas confiance. En outre, elle redoute que ses parents se séparent, même si elle n'a pas de raison d'avoir peur : ses parents s'aiment. Cependant elle se justifie en disant qu'elle a vu souffrir trop d'amies dont les parents ont divorcé. Si cela devait lui arriver, ce serait vraiment une sale expérience pour elle. Elle ne sait pas comment elle réagirait. Elle n'a pas de doutes concernant son identité sexuelle. Elle voudrait ressembler à Claudia Schiffer et à Valeria Mazza. Hélas, en se regardant dans la glace, parfois elle se trouve laide. Quand elle pense à la sexualité, elle se demande comment il faudra qu'elle se comporte plus tard, lorsque viendra le moment de faire l'amour. Il lui arrive d'avoir des cauchemars. Elle rêve de personnes qui la violentent et la terrorisent. Elle a peur de grandir, d'aller au-devant de la vie. Elle se demande ce qui va lui arriver, elle ne se sent ni forte ni courageuse, elle a besoin d'aide et de réconfort. Elle ne raconte ses histoires à personne. Elle tient un journal où elle note tout, notamment les émotions, les sensations, les peurs, les douleurs.

— À mon avis, si Myriam ne tombe pas amoureuse, c'est qu'elle refuse sa féminité, intervient ma femme, alors que Sara, elle, ne tombe pas amoureuse parce qu'elle est fragile et angoissée. En l'obligeant à faire un choix, Marta a rompu le rapport de confiance sur lequel se fonde l'amitié. Sara s'est donc retrouvée seule. Marta ignore que l'amitié est un sentiment moral qui ne peut s'imposer. Qui sait si elle l'apprendra avec le temps ?

— On peut refuser de céder à son sentiment amoureux pour d'autres raisons, dis-je. Claudio, par exemple, a onze ans et il n'est jamais tombé amoureux parce que, se trouvant laid, il est convaincu qu'aucune fillette ne veut de lui. Il est effectivement très gros, comme cela peut arriver à cet âge-là. Mais il est aussi très intelligent et a beaucoup d'humour. À neuf ans il s'est senti attiré par Lucia, qui était la coqueluche de toute la classe. Mais elle se considérait supérieure et ne lui accordait même pas un regard. Il a abandonné. Puis il est de nouveau tombé amoureux mais, se sentant rejeté, il a fait marche arrière. En somme, un véritable *énamourement inhibé* [1].

---

1. Il me semble utile d'exposer à nouveau ici ma théorie sur l'énamourement : tomber amoureux relève d'un mouvement collectif à deux, qui commence par l'état naissant et se termine par la formation de pactes, c'est-à-dire des institutions. Le lecteur intéressé trouvera un exposé synthétique du sujet dans le livre *Le Choc amoureux* (trad. J. Raoul-Duval et T. Mattencchi-Combardi, Paris, Ramsay, 1985 ; rééd. Pocket, 1993), et un exposé analytique et détaillé dans *Je t'aime, tout sur la passion amoureuse* (trad. Cl. Ligé, Paris, Plon, 1997). Je renvoie également le lecteur à ce livre pour sa riche bibliographie sur l'énamourement et l'amour.

— Pour conclure cette typologie enfantine, poursuit Vieva, je vais vous raconter l'histoire de Serena, dix ans. Son histoire me semble intéressante dans la mesure où, tant qu'elle a été accaparée par sa meilleure amie, Valeria, elle n'est jamais tombée amoureuse. Elles étaient toujours ensemble et partageaient tout. Lorsque Valeria part habiter dans une autre ville, Serena se sent abandonnée et triste. Mais un peu plus tard, à l'occasion d'un cours de judo, elle rencontre un garçon de son âge. C'est le coup de foudre. Ils se retrouvent au gymnase pour faire du sport ensemble, discutent des films qu'ils ont vus, rient, plaisantent. Serena voudrait lui proposer de se fiancer avec elle, mais elle n'en a pas le courage. Elle craint un refus. Lorsqu'elle était plus petite et que ses camarades racontaient leurs émotions amoureuses, elle avait l'impression qu'elles faisaient des " simagrées ", qu'elles fabulaient. À présent, au contraire, elle est contente d'être amoureuse, " elle ne se tracasse pas ". Le soir quand elle se couche, et le dimanche, quand elle ne fait rien, elle pense souvent à ce garçon.

« Serena ajoute que " malheureusement ", elle pense aussi au sexe. Ça ne lui plaît pas d'être une fille, elle préférerait être un garçon. Elle n'aime pas la façon dont s'habillent ses amies, qui " sont en rose avec des chouchous partout ". Elle préfère les vêtements masculins. Ses seins poussent et ça " l'inquiète beaucoup ". Elle dit à sa mère qu'elle n'a pas envie d'avoir des seins. Serena transfère son affection aux animaux. Elle a deux chiens et une chatte, qui va bientôt mettre bas. Elle les soigne, s'occupe d'eux, leur prépare à manger, joue avec eux, " les aime ". Quand elle sera grande, elle voudrait vivre seule à la campagne entourée d'animaux. Elle a peur de tomber sur un mari qui n'aime pas les animaux. Elle craint qu'en son absence il les maltraite. »

Ma femme intervient en souriant. « Vieva, ne t'inquiète pas pour la petite Serena. Elle a tout le temps de changer. Si un jour elle tombe vraiment amoureuse d'un garçon et qu'il l'aime aussi, elle cessera de projeter son avenir sur des animaux. Et maintenant que dirais-tu d'une promenade dans le jardin. Laissons mon mari à ses réflexions. Tu sens ce parfum de fleurs dans l'air ? »

Choc amoureux et passades

Ma femme me connaît bien. À ce point de la recherche, j'ai besoin d'être seul, de réfléchir.

Les enfants utilisent les expressions « je suis tombé amoureux » et « coup de foudre » pour parler d'une attraction soudaine, d'un grand désir pour une autre personne. C'est ainsi que le choc amoureux se distingue de l'amitié. Fondée sur la confiance, l'amitié prend forme peu à peu, se construit sur des bases solides. Alors que dès le début, même sous sa forme infantile, l'énamourement est une attraction d'ordre esthétique, une préférence immédiate. On ignore si on sera aimé en retour. L'instant précédent, on ne connaissait pas cette personne ou, si on l'avait déjà vue, rien en elle ne nous avait attirés. Puis un détail particulier nous frappe : un geste, un éclat de rire, un mot, un regard qui nous la rendent sympathique, attirante, désirable. Quelque chose d'inexplicable et d'imprévu. Le désir peut même durer longtemps. Lorsqu'on est loin de cette personne, on se met à penser à elle, on a envie de la revoir. Le désir devient obsessionnel. De cette rencontre peut parfois naître un amour profond, qui nous bouleverse le cœur et l'esprit, et nous incite à projeter notre vie avec cette personne.

Le très petit enfant de trois, quatre ou cinq ans ignore

que cette soudaine expérience de plaisir, de sympathie, de désir peut parfois engendrer des formes d'attachement plus intenses, des passions violentes et durables. Des énamourements qui laissent une trace indélébile. L'enfant vit dans le désir présent, un désir qui peut être extrêmement intense, mais peut aussi disparaître d'un seul coup, s'il change de milieu par exemple. David Copperfield a sept ou huit ans lorsqu'il tombe amoureux de la petite Emily qui en a cinq ou six, et il raconte : « *Nous nous promenâmes dans cette chère morne étendue plate de Yarmouth pendant des heures et des heures, avec tendresse. Les jours folâtraient à nos côtés, comme si le Temps lui-même n'avait pas encore grandi, mais était aussi un enfant, toujours en train de jouer* [...]. *En ce qui concerne le sentiment d'une inégalité ou de notre juvénilité, ou d'une autre difficulté susceptible de s'opposer à nous, la petite Emily et moi n'avions aucun souci de cette espèce, car nous n'avions pas d'avenir* [1]. »

Et pourtant, si je me repenche sur les cas examinés, c'est dès neuf ou dix ans que l'enfant commence à faire la distinction entre une toquade passagère et une passion durable. Entre un désir frénétique et éphémère et un attachement enraciné et persistant. Sa personnalité est plus structurée, plus à même d'imaginer l'avenir, de faire des projets. C'est alors que l'énamourement infantile se modifie lui aussi, devient passionné, absorbant, et génère un projet de vie embryonnaire. Le cas de Massimiliano nous le prouve. Pour lui, tomber amoureux n'implique plus seulement, comme dans la prime enfance, une préférence, un penchant érotique, ou le plaisir d'être ensemble. Cela implique un ébranlement de l'âme, un pacte, un engagement, un projet, propre à manifester la

---

1. Charles DICKENS, *David Copperfield*, trad. Sylvère Monod, Paris, Flammarion, 1978, p. 60.

nature révolutionnaire qu'un tel sentiment revêtira par la suite, lorsqu'il sera assorti de désir sexuel et d'une réelle possibilité d'autonomie vis-à-vis des parents.

J'ai défini l'état amoureux comme un état naissant d'un mouvement collectif à deux. Ce qui caractérise le véritable énamourement, ce qui le distingue d'une toquade passagère, d'un engouement ou encore de l'amitié, c'est justement cet état naissant. Un processus au cours duquel le sujet expérimente une véritable mort-renaissance, un renouveau du monde, le début d'une nouvelle vie. Il revit son passé, en dresse le bilan. Mais il veut aussi tout savoir de la personne aimée, il veut voir le monde comme celle-ci le voyait avant qu'ils soient ensemble. Pendant l'état naissant, tous les vieux liens perdent de leur importance tandis que s'impose, lumineux, le nouvel objet d'amour avec lequel le sujet désire se mêler physiquement et psychiquement.

Cette expérience existe-t-elle chez l'enfant ? Avant d'avoir connaissance du cas de Massimiliano et Elena, j'aurais répondu non. L'enfant dépend trop de ses parents pour pouvoir se détacher d'eux. Pour pouvoir construire son propre monde autour d'un nouvel objet d'amour. Toutefois c'est justement cela qui se passe, du moins sous une forme embryonnaire, chez ces deux enfants. Massimiliano court comme un fou acheter des fleurs et les asperge de parfum. Puis, au comble de l'émotion, les deux enfants font le pacte d'être fidèles et de ne jamais se quitter. Ils se prennent en photo pour « se voir ensemble même lorsqu'ils sont loin l'un de l'autre ». Enfin, le petit garçon amène sa petite amoueuse dans son « endroit secret », symbole de son âme. Alors ils s'étreignent et s'embrassent en tremblant : c'est la fusion psychique et physique. La personne aimée n'est pas seulement quelqu'un qui nous plaît beaucoup, pour qui on a le béguin. Mais, ainsi que le dit Massimiliano, c'est la « meilleure de l'univers », elle a les qualités de l'absolu. Il s'agit donc d'un lien fort, qui résiste au temps, et c'est pourquoi Massimiliano et Elena ont compris qu'ils devaient protéger leur amour de l'influence des parents et des amis. Nous sommes donc face à un véritable processus d'état naissant, même s'il est exprimé dans un langage enfantin et sous une forme symbolique.

Il y a cependant d'énormes différences d'un sujet à l'autre. Certains tombent passionnément amoureux comme Massimiliano et Elena, tandis qu'à d'autres, comme Myriam, cela n'arrive jamais. D'autres encore vivent une succession de passades, comme Debora. Mais n'est-ce pas la même chose chez les adultes ? Il y a les passionnés, les ardents, et les gens froids, qui se contrôlent et ne s'engagent pas. Dans la réalité, de nombreux adolescents ne sont pas profondément amoureux. Beaucoup prétendent qu'ils s'éprennent continuellement, qu'ils ont sans cesse des coups de foudre. Les filles utilisent le vocabulaire emphatique du grand amour, de la passion — je l'aime, je suis folle de lui — pour signifier qu'elles se sentent attirées, fascinées, qu'elles désirent intensément et avec urgence. Mais au bout de quelques semaines, tout est fini.

Les textes sacrés de la psychologie diraient que ces gens-là vivent une relation objectale immature. Qu'ils gardent des traits régressifs, infantiles. Mais c'est faux. Armés de nos préjugés, nous pensons que l'adulte hésitant et instable est immature et infantile. Les enfants, les adolescents et les adultes font des expériences, ont des toquades qui se dissipent aussi vite qu'elles sont nées. Les enfants, les adolescents et les adultes sont capables d'affections solides. L'adolescent qui ne tombe pas amoureux n'est pas un enfant qui a oublié de grandir. L'adulte capricieux ou froid n'est pas un adolescent qui a oublié de grandir. Chaque époque de la vie a ses amitiés et ses amours, avec des phases immatures et des phases matures, des phases d'instabilité et des phases de stabilité, des périodes d'ensemencement et des périodes de récolte.

Le couple comme communauté

Le couple d'enfants amoureux ne défie pas les parents, il n'entre pas en désaccord avec eux et ne se place pas comme solution de remplacement. Les enfants n'ont ni la force ni l'autonomie suffisantes pour construire un monde nouveau à partir d'eux-mêmes. Lorsque l'enfant a un rapport incertain avec ses parents, il choisit un camarade comme point de repère dans sa vie. Se forme alors un « couple » d'enfants extrêmement uni et stable. C'est arrivé à Sonia et Ivan, deux petits Russes qui ont passé quatre ans dans un orphelinat de leur pays. C'est là qu'ils se sont rencontrés. L'un après l'autre, ils ont été adoptés par deux familles italiennes, qui n'habitent pas loin l'une de l'autre. Plongés dans un milieu inconnu dont ils maîtrisent mal la langue, ils ont ainsi la possibilité de se retrouver et de se comprendre parfaitement entre eux.

Voici le portrait que la psychologue dresse de Sonia : « Sonia est une enfant très jolie. Elle a de longs cheveux noirs, des yeux noirs, le teint mat, et un visage régulier illuminé par un sourire radieux. Elle a tour à tour une expression malicieuse, sympathique et séduisante. Elle gesticule en parlant. Elle bouge sans cesse, mais ses gestes sont gracieux. Ses ongles sont vernis de rouge, parce que, ainsi, dit-elle, ils sont plus beaux. Elle porte des chouchous dans les cheveux, des boucles d'oreilles, des bracelets, des pendentifs et des cœurs accrochés à une longue chaîne autour du cou. Tout en parlant, elle demande de temps en temps :

" Est-ce que je suis belle ? Est-ce que tu aimes mes vêtements ? " Quand je lui réponds " oui ", elle bondit de
joie, me saute au cou, cherche le contact de ma peau,
enroule ses jambes autour de mes hanches, me serre fort
et ne cesse de m'embrasser, en prenant mon visage entre
ses petites mains. Puis elle raconte qu'à l'orphelinat
certaines éducatrices la frappaient et la " hurlaient ". Sonia
ne s'exprime pas correctement en italien, et c'est pourquoi
elle utilise avec une telle intensité le langage corporel.
Lorqu'elle parle de son ami-fiancé Ivan, elle me regarde
dans les yeux, souligne avec naturel qu'ils s'aiment, qu'elle
est bien avec lui, qu'elle est contente qu'il existe. Toute
gaie, elle dit en souriant qu'elle peut le voir souvent parce
qu'ils sont voisins, puis elle se lève, fait une ronde, vient
me donner un baiser. Elle s'assoit près de moi, incline la
tête sur le côté et, de ses mains, mime une étreinte. Elle
m'explique par gestes que, lorsqu'elle voit Ivan, elle
" l'étreint, l'embrasse, le touche, le serre fort, fort...
comme ça ". Sa mère adoptive affirme que Sonia exprime
souvent le désir d'aller voir Ivan ou de lui téléphoner.
Dans ses dessins, Sonia représente son petit ami en position dominante par rapport aux autres éléments, la maison, l'école, les amis, les parents et Heidi, le personnage
d'un dessin animé qu'elle aime beaucoup. »

Qu'est-ce qui s'est noué entre eux ? Amour ou amitié ?
Les deux à la fois. Ensemble ils ont affronté les difficultés
de l'orphelinat et les problèmes de l'adaptation à un pays
étranger. En réalité, malgré leur jeune âge, Sonia et Ivan
forment un couple, une communauté qui dépasse les
limites de la famille d'adoption. Une microcommunauté
de langue russe en terre italienne.

CHAPITRE III

Amitié et amour

Énamourement et amitié

La via del Pineto serpente entre de hauts peupliers et de vieux chênes verts. Puis elle dévie légèrement. Marchant côte à côte, nous faisons, ma femme et moi, notre promenade matinale. Lorsque nous arrivons à cet endroit, j'ai plutôt tendance à bifurquer vers la zone rurale, où se trouve le manège des chevaux, tandis qu'elle préfère se promener là où le bois est le mieux entretenu et ressemble à un jardin. Elle est attirée par les grands chênes qui allongent leurs branches puissantes vers le ciel, et par les pins parasols, hauts et immenses, qui se détachent sur le fond. La maison de Gabriele D'Annunzio — « la Versiliana » — est nichée au milieu des pins. Pour ne pas contredire mon épouse, je la suis ; le parc qui entoure la maison où habitait naguère le poète est magnifique, où que l'on porte le regard. Je connais l'aversion de Rosa pour les lieux peu entretenus, négligés. « Il n'y a que les gens nés en ville pour préférer les zones sauvages, rustiques, où l'homme n'a pas laissé son empreinte. Les citadins ne savent rien de la vie à la campagne et de ses difficultés. L'âpreté de la vie. Moi je la connais, je m'en suis sortie non sans cicatrices, et je ne veux plus y retourner. »

Sachant à quel point son enfance a été dure, je comprends qu'elle cherche à fuir les terres incultes, je comprends cette sorte de terreur pétrifiée qui s'exprime à travers ses paroles, et le pas lent mais sûr avec lequel elle tourne au coin du chemin pour s'avancer dans la pinède où la main de l'homme a laissé son empreinte rassurante.

« Prenons le raccourci, me dit-elle brusquement, il faut rentrer à la maison. Le professeur Scramaglia doit être arrivé. » Je la suis. « Je sais que tu n'as pas envie de quitter cet endroit, ajoute-t-elle sans me regarder, mais si tu veux te fixer là et vivre une vie sereine, régulière, il faut faire comme Kant, et ne t'occuper que de philosophie. Quand nous sommes à la Versiliana, tu as tendance à oublier que tu es une sorte de chef de troupe, aux rênes du chariot de Thespis [1]. Bien entendu tu es un homme de science, et ton chariot ne transporte aucun acteur, aucun saltimbanque. Cependant ton équipe est tout de même itinérante.

— Mais un homme ennuyeux comme Kant ne t'aurait pas plu, et tu ne m'aurais pas épousé.

— Tu peux en être certain. Et puis un Kant, ça suffit largement. »

Nous arrivons à la maison, où le professeur Scramaglia nous attend. Je lui avais proposé que nous nous retrouvions à dix heures du matin pour parler de notre enquête sur les enfants. Pour conclure cette partie de la recherche, j'ai en effet besoin de données quantitatives. Les cas cliniques ne me suffisent pas. Il est dix heures dix, et mon invitée est déjà là, alors qu'elle vient de Milan. En entrant je m'aperçois qu'elle a posé sur la table de la salle à manger

---

1. Personnage à qui l'on attribue l'invention de la tragédie. Grâce à son fameux chariot, il aurait transporté en Attique puis à Athènes la première troupe d'acteurs ambulants. (*N.d.T.*)

des graphiques colorés. Une ponctualité et une rigueur « à l'allemande », selon le lieu commun. En la regardant me saluer d'un sourire poli, « Bonjour, professeur », je me dis une nouvelle fois que les lieux communs ne reflètent pas la réalité. Rien d'allemand dans son aspect. Ses cheveux sombres sont très longs : elle seule sait à quel point ils sont longs, car en ce qui me concerne je l'ai toujours vue avec des tresses roulées sur la nuque. Un visage méditerranéen, qui semble sorti d'un bas-relief gréco-romain. Certes elle est précise, ponctuelle, et respecte les accords, mais ce sont là aussi des vertus de la Rome antique.

Essoufflée, Vieva arrive à son tour, et s'empresse de disposer ses notes sur un coin de la table. Toutes deux sont un peu excitées, attentives à ne pas commettre d'erreurs dans la présentation de leurs données. En attendant que tout soit prêt, j'observe un des graphiques. Seule ma femme conserve une attitude posée. Sachant que la séance sera longue et que nous avons encore un certain nombre de témoignages d'enfants à examiner, elle a fait préparer du café en abondance.

Ma femme s'assoit de l'autre côté de la table et, tout en sirotant son café, regarde avec calme l'un des graphiques. Dans le cadre de ses cours à l'université, elle évite de faire la projection de graphiques conçus par ordinateur. Elle préfère tracer à la main des schémas au tableau, parce que ainsi, affirme-t-elle, la communication avec les étudiants est plus vivante. Peut-être. En tout état de cause, elle fait toujours salle comble. Elle ironise, plaisante, puis reprend alternativement d'un ton sévère ou rassurant. Elle les stimule, elle les exalte. Et finit par les mener où elle veut.

« Bien, dis-je, puisque ma femme, en guise de plaisanterie, dit que je dirige une sorte de chariot de Thespis de la recherche, et que vous êtes toutes des exploratrices des sentiments, je m'acquitte de mon devoir en introduisant le sujet fondamental de la réunion : énamourement et amitié. S'agit-il de deux sentiments comparables, ou y a-t-il une différence ? Et s'il y a une différence, à quel moment se manifeste-t-elle chez les enfants ? Nous savons que, dans la vie adulte, l'énamourement et l'amitié sont profondément différents [1]. L'énamourement est une conséquence imprévue de l'état naissant. C'est comme l'éruption d'un volcan. L'amitié, en revanche, se construit progressivement : sympathie, compréhension réciproque, confiance. L'amour est exclusif et jaloux. L'amitié est plus ouverte, on pourrait dire qu'elle est réticulaire. L'amour transfigure la personne aimée, l'idéalise, vise à aller au-delà du bien et du mal. Nous pouvons aimer celui qui ne nous aime pas, qui nous maltraite. L'amitié, au contraire, s'édifie petit à petit sur le terrain solide de la connaissance, de la confiance attestée. Elle s'enracine dans l'estime réciproque. L'ami nous aime, nous aide dans les moments difficiles, nous défend, nous protège, respecte sa parole, sait garder les secrets. Et nous répondons avec la même chaleur. L'amitié est un sentiment moral. Un ami qui ment, qui nous berne, qui nous trahit, n'est pas un véritable ami. Eh bien, voici ma question : cette distinction entre amitié et passion amoureuse existe-t-elle aussi chez les enfants ? Ou bien amitié et amour sont-ils chez eux comparables, voire identiques ? »

Je me suis adressé aux trois femmes, mais mon regard s'est posé sur Vieva. « Ceux que tu m'as présentés à l'école maternelle comme " les petits fiancés ", sont-ils en fait seulement des amis de sexe opposé ? Est-ce nous qui les définissons ainsi parce qu'ils échangent quelque tendresse ? »

---

1. Les différences entre énamourement et amitié sont analysées en profondeur dans mon livre *L'Amitié,* trad. Nelly Drusi, Paris, Ramsay, 1985 ; rééd. Pocket, 1995.

Vieva réfléchit. Je me rends compte que sa formation de pédagogue et de psychologue l'incite à ne pas accorder trop d'importance à la distinction entre amitié et énamourement. Pour elle ce sont deux types de relations affectives. D'autre part elle est également sexologue et, par-dessus le marché, elle sait que pour moi la différenciation a son importance. C'est pourquoi après un court silence, elle dit : « Très jeunes, les enfants distinguent l'amitié de l'amour. Par exemple, Elisabetta m'a raconté qu'à huit ans elle avait un ami plus jeune, auquel elle était très attachée. Elle s'est ensuite rendu compte que ce garçon s'était épris d'elle. Or, comme il ne lui plaisait pas sous cet aspect-là, elle a préféré espacer leurs rencontres. Elle a bien utilisé l'expression " sous cet aspect-là ", c'est-à-dire l'aspect de l'attraction amoureuse. Ce qui veut dire qu'elle distingue nettement les deux choses. À neuf, dix ans, ils n'ont pas de doutes. Greta, dix ans, m'a expliqué très clairement qu'il y a d'un côté l'amitié et de l'autre un attachement différent, plus profond, " l'amour-amour ". Elle a ajouté que l'amitié peut exister entre deux filles, entre deux garçons et aussi entre un garçon et une fille. L'amour en revanche est réservé au garçon.

« Arianna est la meilleure amie de Greta. Elles ont passé les années d'école maternelle et d'école primaire ensemble. Depuis elles s'aiment bien. Elles parlent, jouent, mangent ensemble. Quand Arianna a eu la rougeole, Greta était inquiète. Elle lui racontait les " secrets les plus importants ". Aujourd'hui qu'elles ont grandi, elles discutent des programmes télévisés, des études, de ce qu'elles veulent faire plus tard et, bien sûr, de leurs amours. Greta a aussi un ami masculin, Luca, avec lequel elle parle surtout d'école et de lecture.

« " Mais être amoureux, m'a précisé Greta, c'est autre chose. " Elle est tombée amoureuse la première fois à cinq

ans, à l'école maternelle. Un coup de foudre. Il était beau
et amusant. Cela dit, elle considère aujourd'hui plus
important son amour pour Giorgio, qu'elle a rencontré en
CE2, à huit ans. Son amour a augmenté progressivement,
et dure encore. Plus elle le voyait et plus l'émotion était
forte. Des frissons lui parcouraient le dos, elle rougissait
lorsque leurs regards se croisaient, son cœur battait à se
rompre dès qu'il lui prenait la main. Ou qu'il lui donnait
un baiser sur la joue en disant : Comme tu es belle ! Puis
un jour, Giorgio lui a demandé de devenir sa petite amie.
Alors elle a compris qu'il s'agissait vraiment d'un amour
sérieux. Aujourd'hui ils sont fiancés depuis deux ans. Elle
voudrait épouser Giorgio, mais elle n'est pas sûre que ce
sera possible, "parce qu'on ne peut pas savoir comment les
choses se passent ". Il faut encore qu'ils aillent au collège
et au lycée, ils pourraient changer d'avis en cours de route
comme c'est arrivé à d'autres enfants. Mais pour le
moment, elle est très contente de son amour et de sa vie.

— Ainsi, au cas où tu n'aurais pas été informée de la
différence, elle te l'a expliquée avec soin, commente ma
femme en riant.

— Tu n'y crois pas ? Et pourtant elle s'est montrée si
précise, elle s'est exprimée exactement en ces termes...

— Mais bien sûr que j'y crois, Vieva ! Je dirais même
que j'ai été frappée par le sérieux et la précision de la
fillette. Je me demande si un adulte aurait pu en faire
autant.

— En tenant compte également des autres entretiens,
continue Vieva, je pense donc pouvoir affirmer que les
enfants ne font pas de confusion entre l'amitié et l'amour.
Pour eux aussi ce sont deux expériences, deux modes de
relations profondément différents. »

Le meilleur ami

Je reprends la parole. « Après avoir abordé la différence entre amitié et amour, nous devons à présent approfondir la nature de l'amitié chez l'enfant. En analysant le matériel que vous m'avez envoyé, je suis arrivé à la conclusion que les enfants font la distinction entre deux types d'amis : d'un côté les camarades de classe, les amis qui font partie du groupe, et de l'autre, l'ami intime, le véritable ami dans un sens éthique, le meilleur ami.

« Voici l'exemple de Francesco, dix ans. Son ami s'appelle Alberto. Ils se connaissent depuis sept ans. Francesco ne fait confiance qu'à Alberto, ils se racontent les choses les plus intimes. Ils se consolent mutuellement quand ils ont des problèmes, se tiennent compagnie quand l'un d'eux est malade, s'aident dans les moments difficiles. Selon Francesco, ce qui compte le plus entre des amis, c'est la confiance. Avec Alberto il fait du canot pneumatique, il nage, il pique-nique au bord de la mer. Ils discutent de leurs problèmes pendant des heures. Francesco parle à Alberto de tout ce qui le préoccupe, lui fait part de tous ses doutes. Il raconte aussi les problèmes d'argent de sa famille, les rapports avec son frère, et lui confie ses " déroutes ". Avec Alberto, il se sent " en sécurité ".

« Et maintenant passons au second point. Au cours de mes recherches sur l'adulte, j'ai découvert que l'amitié, justement parce qu'elle est un sentiment moral, est vulnérable aux offenses de type éthique. Si l'ami nous trompe, nous vole, trahit notre confiance, l'amitié se fêle de manière irréparable, à moins d'une explication qui démontre que l'action était involontaire ou accomplie dans de bonnes intentions. Ou encore l'ami peut choisir de pardonner le tort subi, chercher à reconstruire le rapport comme il était avant, mais il s'aperçoit bientôt que c'est une vaine tentative. Quelque chose s'est brisé, qui ne pourra plus être réparé. Cela n'arrive pas lorsque l'on tombe amoureux. On peut rester épris d'une personne qui nous a trompés, qui nous a trahis. Le sentiment amoureux nous entraîne là où la raison nous déconseille d'aller. L'amour entre frères et sœurs est encore différent. Les frères et sœurs se battent furieusement, échangent des reproches, profèrent des mensonges. Mais d'ordinaire, ils pardonnent ou oublient bien vite. En revanche, l'amitié la plus forte ne résiste pas à la méchanceté ni aux insultes. Seuls les frères et sœurs peuvent se permettre le luxe de s'insulter.

— Et chez les enfants, que se passe-t-il ? » demande ma femme en regardant Vieva. Madame Scramaglia se tait. Elle ne s'étonne pas que ce soit ma femme qui ait posé la question à Vieva, car elle a l'habitude de notre complicité.

« Exactement la même chose que chez les adultes, répond Vieva du tac au tac. Je dirais même de manière plus dramatique, nette, irréparable, comme nous le montre le cas de Karen, une fillette de dix ans. Karen a été pendant longtemps l'amie intime de Viola. Leurs parents eux-mêmes étaient amis, si bien qu'elles se connaissaient depuis la naissance. Karen se sentait proche de Viola et lui faisait confiance, elles jouaient et passaient du temps ensemble, parlaient de tout, de leurs familles, des jeux, de leurs projets et de leurs amours. Puis un jour, à l'improviste, quelque chose de terrible s'est passé. Viola a dit à une camarade de classe que Karen avait fait quelque chose qu'en réalité elle n'avait pas fait. Karen a été injustement accusée. Se sentant trahie, elle a éprouvé un immense chagrin. Ce n'est qu'avec le temps et l'aide de sa mère et de ses frères qu'elle a " réussi à surmonter ce chagrin ". Elle a beaucoup pleuré parce qu'elle " voulait que les choses redeviennent comme avant, mais s'apercevait que c'était impossible ". Après cette déception elle s'est fait d'autres amis et amies, mais n'a plus accordé sa confiance à aucun d'eux. Elle avait intégré Viola dans son espace affectif familier, et la considérait comme une sœur. Mais l'inexplicable trahison de Viola a altéré sa confiance dans les autres êtres humains.

« La trahison de l'ami est plus traumatisante que la trahison de l'aimé, dis-je. De la part de l'aimé on s'y attend d'une manière ou d'une autre, on craint qu'il soit attiré par une autre personne. L'amour est une grâce, un don. Mais son ami, on le choisit, c'est un modèle de loyauté. Une île sur laquelle on peut aborder après avoir traversé les tempêtes que la vie réserve à chacun de nous. C'est pourquoi la trahison, la première trahison, ébranle notre confiance dans le monde. Elle fait chanceler l'ordre moral. C'est le visage du mal qui se manifeste là où il n'aurait jamais dû apparaître. Et ce visage paralyse.

— Heureusement, tous les enfants n'ont pas une expérience aussi dramatique que celle de Karen, dit ma femme en cherchant à dédramatiser. La plupart du temps, on aide son ami dans les moments difficiles, en lui apportant protection et soutien moral. Les amis sont complices, tels Achille et Patrocle, ce sont des guerriers qui affrontent le monde ensemble. Encore aujourd'hui il existe des amitiés comme celles des guerriers grecs. Écoutez le cas de Priscilla et Lucrezia. Priscilla a douze ans, elle vit avec sa mère, sa grand-mère et ses oncles, parce que ses parents sont séparés depuis deux ans. Elle voit son père régulièrement. Il est en train de refaire sa vie, tandis que sa mère est encore seule. Priscilla a souffert de la séparation de ses parents, mais elle a tout de même retrouvé un équilibre. Sa meilleure amie, Lucrezia, traverse elle aussi une mauvaise passe dans sa famille, à cause de problèmes similaires. Ses parents sont en train de se séparer. Priscilla porte secours à Lucrezia, elle l'aide dans ce moment difficile. Elles en parlent, elle la réconforte, lui donne des conseils pour qu'elle ne souffre pas trop. Priscilla partage son expérience avec Lucrezia, ce qui la rassure et lui prouve que, passé la crise, on retrouve un équilibre. Leur lien est renforcé par le fait qu'elles ont toutes deux vécu la même expérience. Chacune est devenue pour l'autre une sorte d'étoile polaire.

« L'amitié est plus importante dans l'enfance qu'à l'âge adulte. La place du meilleur ami vient tout de suite après celle des parents et des frères et sœurs. Lorsque les liens familiaux sont fragiles, l'ami intime devient la personne la plus importante, le bien le plus précieux. Quoi qu'il en soit, l'amitié infantile peut durer longtemps, dans la mesure où elle n'est pas contaminée par des intérêts matériels. Elle est plus solaire, plus désintéressée. Je dirais qu'elle est indispensable à la connaissance d'un nouveau milieu, à la compréhension des émotions qui font irruption dans un cœur et un esprit vierges. L'amitié aide les enfants à trouver l'équilibre intérieur et leur place dans le monde. Nous avons rencontré certains enfants de dix ou onze ans ayant connu leur meilleur ami au CP. Il s'agit d'un attachement intense et résistant. C'est avec l'ami que l'enfant passe le plus de temps, c'est avec lui qu'il joue, explore, c'est à lui qu'il se compare. C'est lui qui l'aide, l'assiste, le protège, le complète. C'est pourquoi la séparation peut être très douloureuse.

— La douleur causée par la séparation d'avec la meilleure amie transparaît dans le récit de Susanna, une fillette de dix ans, qui vit à Milan », intervient Madame Scramaglia. Vieva l'observe avec curiosité. C'est la première fois qu'elle prend la parole pour relater un cas. « Iris a été la première meilleure amie de Susanna. Elle la rencontre au CP, à six ans. Elles se retrouvent ensemble au patinage, puis dans la même classe. Susanna se sent tout de suite bien avec Iris parce que " c'est quelqu'un qui sait garder les secrets ". Elles parlent, elles jouent, elles passent beaucoup de temps ensemble. Pendant toutes ces années, elles sont restées amies intimes, et se sont toujours tout raconté. Lorsque Susanna a un problème, elle n'arrive pas à s'exprimer, elle a du mal à en parler, soit par émotion, soit parce qu'elle souffre. Alors Iris l'aide à " sortir les mots ". Par exemple, elle lui conseille de parler avec calme. C'est aussi pour ça que Susanna l'aime beaucoup. Elle explique que dans sa classe, il n'y a pas un seul groupe d'amis, mais plusieurs petits groupes, toujours en conflit les uns avec les autres. Tant qu'elle est restée dans la même classe qu'Iris tout allait bien, parce qu'elles étaient complices. Elles échangeaient leurs idées sur ce qui les entourait, sur chaque nouvelle rencontre. Un jour elles ont mis une de leurs compagnes à l'épreuve, pour vérifier si elles pouvaient se fier à elle. Susanna lui a confié un faux secret en lui recommandant de ne pas le dire à Iris. Mais elle n'a pas respecté le pacte, et a couru le lui répéter. Susanna et Iris en ont déduit que l'autre n'était pas fiable, et donc indigne de leur amitié.

« Au début de l'année Iris a changé d'école, ce dont elles ont souffert toutes les deux. L'éloignement d'Iris a plongé Susanna dans un état dépressif : elle était d'humeur chagrine, taciturne et mélancolique. C'était Iris qui la réconfortait en restant aussi proche d'elle que possible. Elle lui téléphonait tous les soirs. Elles s'invitaient mutuellement. Iris lui manquait aussi parce que, avant le changement, elles faisaient du sport ensemble. Elles se retrouvaient alors au gymnase et à la piscine. Elles étaient en harmonie sur tout. À présent, même en se couchant, Susanna pense à Iris. Si elle sait qu'Iris a un problème, elle réfléchit à la façon dont elle pourrait l'aider. Elle ne s'endort pas tant qu'elle n'a pas réussi à trouver la solution. Aujourd'hui chacune est à la recherche d'une nouvelle amie loyale dans son école, sans succès jusqu'à présent.

Iris dit qu'elle n'aura jamais une amie comme Susanna. Lorsqu'elles se retrouvent elles se réjouissent, se sourient, s'embrassent, sont heureuses.

— Dans la plupart des cas la séparation n'est pas si traumatisante, dis-je. Surtout dans l'amitié entre adultes. Le meilleur ami peut partir, s'absenter pendant longtemps. Pour être amis, les adultes n'ont pas besoin de vivre toujours côte à côte. Ce qui compte c'est la loyauté, et la conscience que cette personne existe, que nous pouvons nous appuyer sur elle, et elle sur nous. Alors que l'expérience amoureuse est une période chaotique et pleine d'anxiété, le temps de l'amitié est détendu, serein. Deux amis éloignés ne doutent pas l'un de l'autre, ils ne sont pas jaloux. Et, lorsqu'ils se retrouvent, ils ont l'impression de continuer une conversation à peine interrompue. Cette forme d'amitié plus sereine, qui tolère mieux la distance, peut aussi exister chez les enfants, comme nous le montre le cas de Luca, dix ans. Luca parle avec chaleur de Mario, son meilleur ami, qui est parti vivre dans une autre ville. Ils se sont connus au CP. Avec Mario il a vécu de très beaux moments. Ils étaient souvent ensemble et jouaient, partageaient leurs pensées et leurs angoisses. Luca dit que Mario est un bon garçon et qu'il est heureux que leur amitié dure malgré la distance. S'ils ne peuvent pas se voir souvent, ils s'écrivent et se téléphonent chaque semaine. Ils sauvegardent ainsi leur affection et se tiennent informés des expériences que chacun vit de son côté. Luca s'est fait beaucoup d'amis dans sa nouvelle vie, mais Mario " restera toujours le meilleur ". »

Cas cliniques et tableaux comparatifs

Avec tact, ma femme nous invite à accélérer l'allure : « Je suggère d'interrompre l'analyse des cas pour voir si les données de l'enquête confirment ou infirment ce que nous avons vérifié jusqu'ici. En jetant un œil sur les graphiques, j'ai l'impression qu'il y a du nouveau.

— Je donne la parole à Madame Scramaglia, dis-je.

— L'équipe de Milan a recueilli des témoignages, mais aussi mené une vaste enquête sur les enfants de CM1 et CM2[1]. Nous leur avons notamment posé la question suivante : as-tu un meilleur ami ? 95 % des garçons et 92 % des filles nous ont répondu positivement. Et à la question : es-tu déjà tombé amoureux ? 77 % des garçons et 82 % des filles ont répondu oui. Nous pouvons donc en déduire que l'amitié intime et l'attachement amoureux sont deux phénomènes presque universels chez les enfants.

— À quel âge naît la première amitié ? » demande Vieva, penchée sur les données.

« Observez attentivement ce graphique où est reporté l'âge de la première amitié et celui du premier amour, répond Madame Scramaglia. Vous voyez ? Pour l'amitié il y a une première pointe à trois ans, correspondant à l'entrée en école maternelle, et une seconde à six ans, correspondant à l'entrée en école primaire. Dans chaque nouveau milieu, l'enfant se fait un nouvel ami.

— Je m'y attendais, dis-je. L'ami incarne la " porte d'entrée " dans le nouveau monde. Qu'en est-il de l'énamourement ?

— Dans ce cas il y a non seulement une pointe à trois ans et une seconde à six ans mais aussi, comme vous pouvez le remarquer, professeur, une pointe vers neuf ou dix ans. Savez-vous pourquoi ? Parce que les enfants que nous avons interrogés ont neuf et dix ans, et que certains viennent juste de tomber amoureux. Ils n'accordent plus d'importance à un amour passé, à une toquade datant de la maternelle. Notez

1. Recherche SAI 2.

ce fait, parce que nous y serons de nouveau confrontés chez les adolescents et les adultes : on se souvient plus volontiers de l'amour le plus récent.

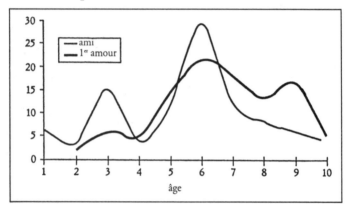

— C'est humain et logique : un amour tout neuf a tendance à vider de signification les amours passées, commente ma femme.

— Comme nous tous, j'ai conscience de cela sur le plan intuitif, mais j'en voudrais la preuve. Alors n'allons pas trop vite si tu veux bien, ma chère. Commençons par observer toutes les données. Madame Scramaglia, continuez et ne vous arrêtez plus. Sinon il faudra que je mette un bâillon à Rosa. » Vieva rit, tandis que Madame Scramaglia, accoutumée aux provocations de ma femme, ne se démonte pas. Elle sait bien que je ne veux pas de conclusions hâtives, et que j'ai l'habitude d'examiner toutes les preuves jusqu'à la dernière. Mais Rosa prétend qu'il faut faire sérieusement les choses frivoles, et frivolement les choses sérieuses. Elle a adopté ce trait d'esprit de Montesquieu comme philosophie de la vie. La voici effectivement qui poursuit sa voie, fidèle à ses principes.

« *OK sir !* La partie se joue jusqu'au coup de sifflet de l'arbitre ! »

Nous rions tous.

« Professeur Scramaglia, continuez.

— Dans le cadre de cette même enquête, nous avons demandé aux enfants : À quoi ressemble votre meilleur ami ? Voici leurs réponses en pourcentages :

	Garçons	Filles
C'est quelqu'un en qui je peux avoir confiance	96	90
qui ne répète pas mes secrets	84	76
qui joue avec moi	66	63
qui me rend des services	57	62
qui passe beaucoup de temps avec moi	52	49
C'est le plus fort	25	25
J'essaye de lui ressembler	16	14

« Comme vous pouvez le constater, il n'y a guère de différences entre garçons et filles. Mais l'enquête nous apporte aussi la confirmation de ce que nous avions déjà remarqué au cours des entretiens cliniques. Le véritable ami se distingue essentiellement par ses qualités morales : c'est avant tout une personne à qui on peut faire confiance, et qui n'ira pas répéter les secrets. Les enfants ne considèrent pas le meilleur ami comme un modèle à imiter, et ne lui demandent pas d'être le plus fort. L'autre donnée importante, c'est que l'amitié infantile est plus solide que l'attachement amoureux, et dure bien plus longtemps. 84 % des garçons et 80 % des filles affirment avoir une amitié qui dure depuis plusieurs années, ce qui est beaucoup à cet âge-là. Pour l'énamourement, ce pourcentage descend à 39 % chez les garçons, et 41 % chez les filles.

« La confrontation des définitions que donnent les enfants du meilleur ami et de l'amoureux nous prouve que la distinction entre amitié et amour remonte à l'enfance. Voici ce que les enfants ont répondu à la question " Qu'est-ce qu'être amoureux ? " :

	Garçons	Filles
Penser à lui/elle lorsqu'il/elle est loin	86	83
Avoir envie d'être ensemble	78	77
L'aimer plus que les autres	73	67
Lui être fidèle	70	69
Avoir le cœur qui bat fort	61	53
Être son meilleur ami	33	29
Lui confier des secrets	33	39

— Je note que les qualités morales qui sont à la base de l'amitié, dis-je, ne sont pas exigées en amour. Les enfants n'attendent pas en premier lieu de l'amoureux qu'il soit loyal, qu'il sache garder les secrets ou qu'il soit fidèle. Ce qui prime lorsqu'on tombe amoureux, c'est le désir d'union, l'amour qu'on porte à l'aimé, la fidélité, le fait de penser à lui, de le préférer à tous les autres. Conclusion : amitié et amour ont vraiment une structure émotive et intellectuelle différente. Je l'avais soutenu à un niveau théorique dans mon livre *L'Amitié*. Et quelle polémique cela avait alors soulevée ! Mais cette recherche-ci en apporte la démonstration empirique. Elle montre aussi qu'amitié et amour sont nettement dissociés dès l'enfance. Armés de leur simplicité, les enfants interrogés nous décrivent le choc amoureux et ses battements de cœur, ses inquiétudes, la peur de ne pas être aimé en retour. Lorsque leur amour est partagé, ils parlent alors de joie, d'allégresse. L'amitié en revanche est synonyme de confiance, de loyauté, de réserve, d'intimité, d'aide réciproque, de complicité. Professeur Scramaglia, il me manque une donnée : la chronologie temporelle. Qu'est-ce qui naît en premier, l'amitié ou l'amour ?

— Si vous observez le graphique avec attention, vous verrez que l'amitié précède l'amour. Et rien de plus logique. L'ami apporte sécurité et confiance, on peut se confier à lui,

lui demander conseil, on peut s'appuyer sur lui chaque fois que l'on affronte une situation nouvelle ou périlleuse, comme la rencontre amoureuse. D'autre part, vous l'avez vous-même écrit, l'énamourement est un bouleversement de l'âme, une façon de s'exposer et d'aller vers l'inconnu. Un tel défi fait trembler les adultes, alors imaginez-vous un enfant. Le plus souvent, l'enfant tombe amoureux et s'expose s'il a un ami avec qui parler, et qui le soutient moralement. »

Le groupe

« Il faut maintenant approfondir une autre facette de nos héros : leur comportement au sein du groupe. Selon les résultats, les garçons et les filles jouent ensemble jusqu'à six ou sept ans, puis ont tendance à se séparer. Les filles restent entre elles, bavardent, discutent de leurs expériences. Les garçons s'organisent en bandes, participent à des jeux collectifs. Cette démarcation permet la construction d'une identité sexuelle séparée qui s'obtient en cultivant des intérêts spécifiques à son propre sexe. Ainsi, dès l'enfance apparaît ce qui avec le temps deviendra une caractéristique constante, déjà révélée par d'autres recherches [1]. Les filles s'intéressent au monde intérieur, aux relations intimes et émotionnelles. Les garçons sont davantage portés vers le monde extérieur, les faits, l'action. À l'école, tandis que la conversation des garçons porte surtout sur le monde extérieur, les événements de société, le

1. Voir Leslie R. BRODY et Judith A. HALL, « Gender and Emotions » dans Michael LEWIS et Jeannette HAVILAND, *Handbook of Emotions*, New York, Guilford Press, 1993. Les résultats des recherches SAI 2 et SAI 3 confirment ces données ainsi que ce que la recherche Omnitel avait mis en lumière.

sport, les filles parlent beaucoup de leur vie affective, de leurs problèmes personnels et de leurs expériences amoureuses. Il en va de même dans les conversations téléphoniques. Les garçons parlent de leurs passe-temps, de musique, de sport ; les filles de leurs projets, de leurs angoisses et de leurs problèmes familiaux. Les filles accordent également plus d'importance à leur aspect physique : maquillage, coiffure et habillement. Elles sont nombreuses à tenir un journal dans lequel elles notent toutes leurs expériences émotives.

« Les garçons sont donc plus dépendants du groupe, ils sont plus étroitement liés à leurs " grands copains ". En groupe, ils participent à des jeux d'équipe et font des projets, ou encore se promènent, arborant bien souvent un air arrogant. Le fait d'être ensemble leur donne l'impression d'être forts et puissants. C'est au sein du groupe que les garçons, pour se différencier des filles, commencent à critiquer leur comportement. C'est le groupe qui réserve dérision et railleries aux malheureux qui tentent de former un couple avec une personne de l'autre sexe. Lorsque les enfants parlent d'amour, la peur d'être tournés en ridicule par les autres est un thème récurrent, surtout chez les garçons pour qui le groupe a plus de poids. Plus le temps passe, et plus les garçons se démarquent des filles à ce niveau-là.

« Cependant cette recherche nous a également apporté l'information suivante : lorsqu'ils sont amoureux, aussi bien les garçons que les filles aiment se confier à leur meilleur ami, ce gardien de leur monde intérieur en qui ils placent toute leur confiance. Les filles sont intimes avec leur amie, elles sont plus accoutumées à parler, à analyser avec elle leurs sentiments et ceux des autres. Voilà peut-être pourquoi on admet communément que les filles sont plus mûres que les garçons. Non sans raison. En discutant avec leur ou leurs amies, les filles s'habituent à lire les gestes, les comportements d'autrui. Ensemble elles sondent les émotions, apprenant ainsi à les connaître et à les différencier. Quant aux garçons, ils ont honte d'aborder ces questions-là au sein du groupe, parce qu'ils ont l'impression que cela amoindrit leur virilité. Parfois ils n'ont même pas le courage de dévoiler leurs sentiments amoureux à leur plus cher ami. Malheureusement ce dernier est pourtant le seul avec qui ils pourraient analyser les expériences affectives les plus périlleuses, si bien qu'ils se retrouvent alors pris au dépourvu et déconcertés face aux problèmes émotionnels. Et ils finissent par avoir un comportement hésitant et grossier.

— Ce que tu dis est juste, intervient Vieva ; et d'ailleurs le cas d'Italo l'illustre assez bien : grand et maigre, les cheveux lisses et châtain clair, il a onze ans et est en Sixième. Il a beaucoup de copains avec lesquels il joue, parle et passe de bons moments, sans avoir un grand ami à qui se confier. Il ne s'était jamais intéressé aux filles et n'était jamais tombé amoureux avant de rencontrer Béatrice, l'année dernière. Béatrice lui a tapé dans l'œil. Puis il a découvert qu'elle plaisait aussi à l'un de ses amis. Il s'est écarté, refusant d'" entrer en rivalité avec lui ". Mais une copine de Béatrice a débloqué la situation et par son intermédiaire ils ont tous les deux compris qu'ils étaient amoureux l'un de l'autre. Béatrice a pris l'initiative de parler à Italo et lui a proposé de se fiancer avec elle. Italo a accepté. Bizarrement, leur histoire n'a duré que deux mois. Ils se voyaient, se parlaient, jouaient ensemble. Puis tout s'est terminé mystérieusement, sans qu'Italo puisse se l'expliquer. En fait il ne s'est rien passé de particulier. Au bout d'un moment il n'a plus cherché à la voir, elle non plus, et voilà. Désormais il ne pense plus qu'à l'école et passe tout son temps libre avec ses copains. N'ayant pas de meilleur ami à qui se confier, il est devenu hésitant, fragile, et même facilement manipulable. »

CHAPITRE IV

Honte et timidité

La timidité

« Il y a une chose que nous n'avons pas examinée de près, dit ma femme en me tendant une tasse, c'est la timidité.

— Faisons-le tout de suite, dis-je en buvant mon café. Nous avons constaté que les petits enfants n'étaient pas timides. Certes ils ont peur des inconnus et des gens différents d'eux, des adultes qu'ils n'ont jamais vus. Mais lorsqu'ils se retrouvent pour la première fois face à un enfant, c'est sans hésitation qu'ils lui sourient, l'enlacent ou l'embrassent. S'ils agissent ainsi, c'est parce qu'ils ne se posent pas le problème de la réaction de l'autre, de ce qu'il pense, de ce qu'il souhaite. L'enfant a un comportement égocentrique. Il est persuadé que l'autre désire la même chose que lui, et s'il éprouve de la sympathie pour un camarade, il va l'approcher sans aucune inhibition. S'il lui semble beau, il trouvera normal que l'autre le considère beau lui aussi. S'il tombe amoureux, il agira comme si l'autre éprouvait naturellement ce sentiment. Ensuite, sans inhibition, il racontera tout à sa maman et à son papa.

« Vers sept ou huit ans, et encore davantage par la suite, le comportement de l'enfant change, et devient

" sociocentrique ". Il se demande ce que l'autre pense, ce qu'il veut, ce à quoi il s'attend, comment il le juge. Le jugement de l'autre devient aussi constitutif que le jugement et l'estime qu'il a de lui-même, et que j'appellerai " auto-estime ". L'enfant n'a plus de valeur esthétique et érotique autonome, il dépend désormais du jugement d'autrui. Et ce jugement a d'autant plus de poids que l'autre a d'importance pour lui, qu'il l'estime, l'admire et désire lui plaire. Dans le domaine amoureux ce changement a des effets bouleversants. Jusque-là, plus l'enfant était intéressé, fasciné par une personne ou épris d'elle, et plus il croyait son amour partagé, alors que c'est le contraire qui se passe à présent : plus l'enfant se sent attiré par un autre enfant, plus il craint que celui-ci ne puisse partager son sentiment, et son angoisse ne fait que se multiplier.

— C'est vrai ! s'exclame Vieva. Parmi les garçons et filles de huit à douze ans qui viennent me voir, nombreux sont ceux qui ont un coup de foudre pour quelqu'un sans avoir le courage de l'aborder. Et puisqu'ils manquent d'expérience, ils ne savent pas déchiffrer les sentiments et les désirs de l'autre. Ils pâlissent, balbutient, passent la nuit à réfléchir à la manière d'attirer son attention, mais n'agissent pas. Parce qu'ils craignent de déplaire à l'autre, parce qu'ils ont peur qu'il puisse leur dire non. Ce refus, ce jugement, détruirait l'opinion positive qu'ils ont d'eux-mêmes et de leur propre valeur : leur auto-estime.

— Et voici, dis-je, qu'entre en jeu un mécanisme qui les freine : la timidité. » Je me lève et commence à arpenter la pièce. Madame Scramaglia, Vieva et Rosa s'enfoncent dans leurs fauteuils. Pour réfléchir j'ai besoin de marcher de long en large, de penser à haute voix. « La timidité les empêche de prendre des risques, de s'exposer au danger catastrophique de leur propre dévaluation. La timidité est ainsi un mécanisme de défense contre le risque d'être rejeté ou déprécié que le refus entraîne. Le refus détruit la valeur, tandis que le fait d'être accepté glorifie, renforce. Et sécurise le sujet qui s'est mis en jeu.

« Les petites filles timides disent souvent qu'elles aimeraient paraître sûres d'elles. C'est-à-dire qu'elles souhaiteraient afficher une confiance qu'elles n'ont pas, ou en tout cas une indifférence, un détachement émotionnel. Mais pour y parvenir, elles doivent devenir plus sûres d'elles et de leur valeur ; or, pour obtenir cette assurance, elles ont besoin de se sentir aimées. La timidité les protège de la déception, mais les empêche d'acquérir cette assurance fondamentale. Ainsi l'amour entre enfants se limite-t-il souvent à un amour rêvé. Désir à la fois ardent et timoré. Type d'amour que les adultes qualifient de " platonique " parce qu'il est adoration et désir à distance. Amour qui ne parvient pas à devenir séduction, qui ne réussit pas à contraindre l'autre à dire oui.

« L'enfant sait faire semblant, il sait mentir, mais il ne sait pas encore mettre en scène les sentiments qui permettent de séduire. Il apprend à le faire à l'adolescence, parce qu'il explore alors une multiplicité de rôles, et tente d'incarner nombre de " moi " différents. Il acquiert ainsi l'aptitude de se fuir lui-même, d'échapper à sa vérité fondamentale et d'adopter celle qui lui est utile à un moment donné. Jusqu'à ce qu'un jour il perde sa timidité, et devienne capable de conquérir, de séduire. Même si souvent, c'est au prix du renoncement à la sincérité.

« Les enfants ne sont pas timides avec leur meilleur ami, parce que au fil du temps ils se sont rendu compte qu'ils pouvaient lui faire confiance. Le vrai ami est toujours de leur côté, il ne diminue pas mais au contraire renforce l'estime qu'ils ont d'eux-mêmes, tandis que l'énamourement comporte toujours un risque, même dans l'enfance. Tous les enfants rencontrés lors de ces entretiens nous l'ont répété : l'amour naît de manière aussi improviste et inopinée qu'un " coup de foudre ". Ils sont séduits par quelqu'un avant même de savoir si c'est une attirance réciproque. Ils sont séduits par quelqu'un sans se demander s'il leur dira " oui ". Les enfants amoureux se jettent à l'eau eux aussi, ils prennent le risque d'aimer une personne dont rien n'indique qu'elle partagera leur amour. De là naît soudain la question : m'aime-t-il, m'aime-t-elle ?

« Lorsque nous tombons amoureux, la personne aimée remporte notre préférence sur toutes les autres, et son avis devient pour nous essentiel. Être aimé en retour signifie que l'on est beau, désirable. Ne pas être aimé en retour équivaut à une perte de valeur, à la sensation d'être réduit à néant. Pour prévenir ce danger, le mécanisme de défense de la timidité se déclenche. L'enfant pâlit, bredouille face à son amoureux, ne lui avoue pas son amour. Bien sûr, l'autre peut le percer à jour, mais il pourra toujours nier, dire que ce n'est pas vrai. Cela explique que l'enfant craigne qu'on révèle son amour, ce qui le laisserait exposé au danger, sans défense. Il se confie donc seulement à son meilleur ami. Parce que l'ami sait garder le secret.

La honte

« Redoutant que l'on se moque d'eux, presque tous les enfants ont honte de dire à leurs camarades d'école et de jeu qu'ils sont amoureux. Certains ont honte de le dire à leurs propres parents, car ceux-ci ne les écoutent pas ou dévalorisent leurs sentiments. Ils ont peur qu'ils ne comprennent pas cette expérience perturbante pour eux, faite de palpitations, de battements de cœur, de joie, d'anxiété et de douleur. Il y en a même qui, à cause de cette peur, refusent de tomber amoureux. Mais la plupart du temps, les enfants dévoilent leur amour et demandent conseil à l'ami qui sait garder le secret et les protège du monde extérieur.

« L'énamourement infantile et l'amitié sont les attaches émotionnelles les plus importantes, après les liens avec les parents. Mais l'énamourement, à la différence du rapport avec le parent ou l'ami, est toujours une façon de se mettre en jeu. Même chez l'enfant, il se présente comme un pouvoir involontaire et difficile à gérer. On tombe amoureux malgré soi, de manière impromptue, on a le " coup de foudre ", et l'on pénètre dans une zone de risque, de danger pour soi-même. La réponse de l'autre est dangereuse, car il risque de nous rejeter et de nous donner l'impression d'être sans valeur. La présence de rivaux et de rivales est dangereuse en amour. La menace de la jalousie est toujours aux aguets. Le jugement des parents est dangereux, parce que leur opinion fait autorité, et peut nous écraser aussi sûrement qu'un bloc de granit. Les parents peuvent créer des obstacles, nous empêcher de sortir, dire non. Le groupe des amis est dangereux lui aussi avec ses avis discordants, ses rivalités, sa violence et ses cruautés. Le groupe, surtout dans le cas des garçons, raille les sentiments amoureux, et se moque de ceux qui, transgressant les règles qui dictent la guerre des sexes, se mettent à l'écart en formant un couple.

« L'enfant comprend intuitivement que son expérience amoureuse est importante, essentielle à sa croissance, à son entrée dans la vie. Mais il a aussi conscience d'être vulnérable. C'est pourquoi il cherche à protéger son monde intérieur, où son identité est en train de mûrir, où sont en train d'éclore ses désirs, ses rêves, ses projets de vie, ses idéaux. Où il explore de nouvelles sensations, de nouvelles émotions, de nouveaux rapports. La dérision et le mépris menacent ce secret ouvrage, menacent de détruire son identité, sa confiance en lui-même, sa préparation à l'avenir. Et tout cela engendre angoisse et souffrance. Alors l'enfant se défend et défend son intimité. Il a besoin de se sentir accepté, compris, respecté. Il ne parlera de son amour qu'à celui qu'il juge fiable, à celui qui fait preuve de respect envers ses sentiments, qui les considère comme des choses sérieuses et importantes. À l'égard de tous les autres il éprouvera de la honte [1]. La timidité est donc une défense vis-à-vis de celui qu'il aime, tandis que la honte le protège de ceux qui pourraient le critiquer. Le mécanisme de la honte permet ainsi à l'enfant de ne pas s'épancher inconditionnellement, de ne pas se brader, de ne pas s'entendre dire qu'il est stupide et ne comprend rien. Pour conserver sa propre autonomie et la cultiver en silence, à l'abri de la brutalité et de la violence du monde extérieur.

Le secret

« L'enfant se sent à la merci des autres, et c'est pourquoi il construit son autonomie en protégeant son monde intérieur des éventuelles critiques, attaques, insultes et railleries des adultes, de la société extérieure. Le secret est l'un des instruments de cette protection. Avoir un secret signifie avant tout ne pas tout dire, cacher certaines choses. Même aux parents, même aux frères et sœurs. Lorsqu'elle était petite, ma fille Francesca avait très peur de sortir la

1. Il existe à ce sujet deux publications italiennes importantes. Cristiano CASTELFRANCHI, *Che figura. Emozioni e immagine sociale*, Bologne, Il Mulino, 1988. Et, sous la direction de Valentina D'URSO, *Imbarazzo, vergogna e altri affanni*, Milan, Raffaello Cortina, 1994.

nuit. Elle imaginait des " géants et des monstres, des créatures encore plus grandes que les géants avec d'énormes crocs ". Cependant elle ne le disait à personne. À moi, à sa mère et à ses frères elle racontait qu'elle n'avait peur de rien, et pour le prouver, elle sortait la nuit et faisait le tour de la maison — qui se trouvait sur une colline isolée — toute seule. Puis elle revenait le sourire aux lèvres.

« Mais il y a des secrets que l'enfant ne peut pas garder pour lui et qu'il doit partager avec les autres. Il a besoin de parler de ses émotions, de ses doutes, de ses peurs, pour les analyser, les comparer et les comprendre. Il a besoin de solliciter aide et conseils. L'amour doit être discuté en privé, dans le secret, parce qu'il est précaire et incertain, parce qu'il risque d'être perdu s'il n'est pas communiqué à la bonne personne et de manière appropriée. Il faut éviter que quelqu'un aille le répéter en le déformant. Il faut faire en sorte que les copains ne se moquent pas de soi et que les adultes ne sourient pas. L'enfant n'a pas encore nécessairement sa chambre à lui, ni une boîte qu'il puisse fermer à clef. Ses parents sont au courant de tout ce qu'il fait, et peuvent fouiller son cartable et ses poches. Ils l'interrogent, ils exigent qu'on leur raconte tout. C'est pourquoi il a besoin d'un complice, de quelqu'un qui ne répète rien à personne, à qui il fasse totalement confiance et qui prenne avec lui un engagement solennel. C'est cela, le meilleur ami. La société minuscule constituée des deux meilleurs amis est ainsi le premier embryon de secte ésotérique protégeant le véritable premier grand secret de la vie : l'amour. Et elle le fait en érigeant des barrières inviolables contre le regard envahissant des autres, contre leur action dévastatrice [1]. »

_____

1. Le premier sociologue à s'être penché sur la signification du secret est Georg SIMMEL, *Sociologie et épistémologie*, Paris, PUF, 1991.

La jalousie

« La jalousie est un sentiment qui nous bouleverse quand une personne que nous aimons nous préfère quelqu'un d'autre, ou quand nous craignons qu'elle le préfère [1]. Et nous sommes d'autant plus jaloux que nous nous sentons faibles et impuissants vis-à-vis du rival, et que nous le considérons supérieur à nous. La structure de la jalousie est toujours triangulaire : celui qui aime, l'objet d'amour, et le rival ou la rivale. Le rival ravit, dérobe la personne aimée. Mais pour qu'il y ait jalousie, il ne suffit pas qu'il y ait un rival. Il faut que la personne aimée prenne le parti de celui-ci, se laisse fasciner par lui et le préfère à nous. La jalousie est un vol où l'objet du vol est complice du voleur.

« En effet quand l'aimé se fait complice du voleur, nous sommes jaloux autant de la personne qui nous vole que de celle qui nous trahit. Et notre agressivité peut se retourner contre les deux à la fois. Parfois elle s'exprimera avec plus d'intensité contre le premier, mais cela peut aussi être l'inverse. Dans la tragédie de Shakespeare, Othello dirige son agressivité vers Desdémone et la tue. À l'inverse, dans *Lolita* de Nabokov, Humbert ne réussit pas à détester la jeune fille, mais " exécute " l'auteur dramatique qui la lui a prise. D'ordinaire, dans les romans roses, l'héroïne ne s'en prend pas à l'aimé, mais lutte opiniâtrement contre sa rivale.

« Chez les enfants, la jalousie est l'expression d'une insécurité. Il existe une jalousie de type violent qui vise les parents dont on a peur de perdre l'affection. Chiara et Cristina, par exemple, sont jalouses de leurs petites sœurs

---

1. À propos de la jalousie, voir Peter VAN SOMMERS, *Jealousy*, Penguin Books, 1988.

qui sont plus choyées qu'elles. La jalousie envers les parents ou les frères et sœurs peut créer des blessures très fortes chez les enfants. Elle peut engendrer des comportements pathologiques tels que énurésie nocturne, perte d'appétit, apathie, dépression.

— À ce sujet je peux moi aussi vous raconter un épisode, intervient ma femme, qui montre en outre que les enfants sont capables d'introspection. Cela se passait il y a longtemps, j'étais allée chez mes parents pour les fêtes de Noël. Nous étions assez nombreux, si bien que j'avais dû partager ma chambre avec ma nièce. Elle devait avoir sept ans à l'époque. Je ne l'avais pas vue depuis un certain temps, et elle avait beaucoup grossi. J'étais un peu déçue de ne plus reconnaître la petite fille bavarde et séduisante, toujours en mouvement. C'était l'aînée des petits-enfants, si bien que toute l'attention de la famille se concentrait sur elle. Nous étions donc couchées toutes les deux, en train de bavarder. À un moment, je lui ai demandé : " Pourquoi manges-tu autant ? " J'avais évité avec attention le mot " grosse ". Mais elle leva toute équivoque en me disant d'un ton sérieux : " Je sais bien que tu n'aimes pas les filles grosses, mais depuis que mon frère est né, ma mère ne s'occupe que de lui. Elle le bécote à longueur de journée, et moi je la regarde sans rien dire. Avant c'était moi qu'elle embrassait, mais maintenant elle me dit : apporte-moi ceci, apporte-moi cela. Alors je me suis mise à manger plein de sucreries, surtout celles de ma grand-mère, parce que je me sens seule. " J'avoue que j'étais interloquée par tant de lucidité. Dans ces cas-là, les parents se rongent les sangs à essayer de comprendre l'attitude de leurs enfants, qui s'appliquent à les contrarier en refusant de s'expliquer. Ma nièce n'aurait jamais avoué à sa mère ou à son père la raison de sa gloutonnerie. Combien de fois pendant les fêtes j'avais entendu mon

frère l'implorer : " S'il te plaît, arrête de manger ces sucreries. Ça te fait du mal. " Et elle, sans lui accorder un
regard : " Si j'aime ça, ça ne peut pas me faire de mal. " Il
est clair que pour ma nièce son père était complice de la
trahison de sa mère. Et méritait ainsi d'être maltraité.

— Les enfants, dis-je, éprouvent aussi de la jalousie
envers d'autres personnes, comme leurs enseignants, leurs
amoureux ou leurs amis. Ils sont moins liés à ces derniers
qu'à leurs parents si bien que les conséquences de la
jalousie ne sont pas aussi graves. Cependant l'enfant peut
tout de même en souffrir beaucoup. Penchons-nous un
instant sur l'exclusivité et la jalousie en amitié. À l'âge
adulte l'amitié est réticulaire. Chacun de nous a plus
d'un ami et bien souvent on ne connaît pas les amis de
ses amis. Pour l'enfant, en revanche, la règle est d'avoir
un seul meilleur ami à qui confier ses secrets et les tour-
ments les plus intimes de son âme. Leur rapport a alors
tendance à être presque aussi exclusif qu'en amour. Nous
avons étudié le cas de Sara, cette petite fille dont la
meilleure amie, Marta, l'a obligée à cesser de fréquenter
Brigitte. Si d'habitude les amis ne sont pas jaloux, c'est
parce qu'ils se sont mutuellement fidèles. En revanche la
jalousie envers l'amoureux ou l'amoureuse est plus fré-
quente : l'amour peut ne pas être partagé, et même lorsqu'il est partagé, on peut craindre que l'aimé cesse de
nous aimer, ou s'éprenne d'un autre.

« Chez les enfants aussi, l'agressivité s'exprime autant
contre le rival que contre l'objet d'amour, et parfois de
manière spectaculaire. Angelica, douze ans, est amoureuse
de Simon. Elle est timide et ne sait pas comment le
séduire. Elle se contente d'espérer qu'il se décide à lui dire
qu'il l'aime. Lorsqu'elle le voit parler et plaisanter avec
d'autres filles, elle est très jalouse. Elle s'imagine qu'elles
sont plus intéressantes qu'elle, et qu'elles vont lui prendre

Simon. Elle aimerait " mettre une pierre au cou de toutes ces morveuses, et les jeter à la mer ". Un après-midi, elle se promène avec Simon. Ils marchent, bavardent et regardent les vitrines. Angelica est heureuse. Mais tout à coup ils croisent deux copines de Simon. Il se met à leur parler, à rire, à plaisanter et, soudain, il en serre une dans ses bras. Angelica est pétrifiée. Elle ne dit rien, ne fait pas un geste, mais elle " a envie de le tuer ". Le soir, elle s'enferme dans sa chambre et pleure de désespoir.

— Toutes les petites filles ne sont pas aussi agressives, intervient Vieva. Je pense à Rosy qui, à dix ans, est très sage pour son âge. Elle est amoureuse de Carlo, mais il est déjà fiancé à Maria. Elle souffre en silence, elle est très jalouse de Maria. Elle espère seulement qu'un jour il la quittera pour se mettre avec elle. Si elle croisait Maria, elle ferait comme si de rien n'était. Parce que, dit-elle en secouant la tête, " quand un garçon aime une autre fille, il n'y a rien à faire ". Ses amies lui conseillent d'envoyer un ballon sur la tête de Maria, lorsqu'elle la voit avec Simon. Mais Rosy ne ferait jamais ça.

— N'oublions pas qu'il s'agit d'amours rêvées, et non pas réalisées, dis-je pour conclure. Rares sont les histoires d'amours infantiles comme celle de Massimiliano et Elena, où le mot jalousie a un sens dans la mesure où existe un engagement réciproque de fidélité. Très amoureux d'Elena, Massimiliano fait tout pour la protéger des intrusions extérieures : il lui téléphone en cachette, ne parle pas d'elle à ses amis, et tout cela parce qu'elle est pour lui " la meilleure de l'univers ". Massimiliano ne doute pas d'Elena, il n'imagine pas de rival, tout en avouant qu'il " péterait les plombs " si Elena en aimait un autre. Mais la sachant sérieuse et très amoureuse de lui, il est sûr qu'elle ne trahira pas leur pacte. »

CHAPITRE V

L'énamourement chez l'enfant

Stratégies de séduction

Deux amis, l'architecte Massimo Bertozzi et le peintre Rolando Conti, à qui nous avions parlé de notre longue réunion, nous font la surprise de nous apporter pour le déjeuner poissons grillés, fougasses et fruits. « Continuez, continuez, dit Massimo en se dirigeant vers la cuisine. Nous nous chargeons des préparatifs. » Ce sont deux amis sympathiques et chaleureux, parfois joueurs comme seuls les Toscans savent l'être.

Nous mangeons gaiement, puis partons en promenade. Nous prenons la via Nizza, qui sépare le parc de la Versiliana de celui de l'hôtel Augustus. Au fur et à mesure que nous nous approchons de la mer, l'odeur se fait plus pénétrante. Le bruit des vagues arrive jusqu'à nous. C'est une journée limpide et la mer est assez agitée. Tout nous incite à poursuivre notre promenade sur la plage : amis, vagues, odeurs et soleil. Consciente de la situation, alors que nous sommes presque au bout du chemin, ma femme dit : « Selon un de mes oncles napolitains, la seule manière de se libérer de la tentation c'est de la satisfaire immédiatement. Moi, je dis qu'il y a un autre moyen : la chasser comme une mouche importune. Au travail, il se fait tard. »

Nos amis prennent congé, et nous rentrons afin de conclure notre voyage au pays des enfants.

« Nous avons encore certains points à approfondir, à commencer par les stratégies de séduction. Dès leur prime enfance, tous les enfants cherchent à séduire [1]. Ils ont des gestes pleins de grâce, ils font des câlins, des baisers, offrent des petits cadeaux pour faire plaisir, pour conquérir les adultes et leurs camarades. Ils ne se donnent pas explicitement pour mission de plaire, et ne se posent pas la question de ce que l'autre désire ou ne désire pas. Ils se bornent à exprimer leur intérêt, leurs émotions, leur désir. Ils ne s'interrogent pas pour savoir s'il vaut mieux dire ou ne pas dire, demander ou ne pas demander, exprimer ou réprimer leurs émotions.

« Un peu plus tard, l'enfant se rend compte que l'autre est différent de lui, qu'il ne réagit pas de la même manière. Il commence donc à se demander ce qu'il faut faire pour plaire, pour se faire apprécier et estimer. Comme Selina, dix ans, qui est amoureuse de Gregory, un copain de son frère aîné. Lorsqu'il vient chez elle pour travailler avec son frère, Gregory la regarde. Et Selina l'observe elle aussi. Plus les jours passent, plus ils se dévisagent, sans qu'aucun d'eux n'ait le courage de parler. Selina attend que Gregory fasse le premier pas. Son frère, qui a très bien compris la situation, voudrait en toucher un mot à Gregory. Mais elle ne veut pas, elle a peur qu'il lui dise non. Pourtant si elle le voyait avec une autre, elle serait " rongée par la jalousie ". Elle ne se résigne pas, mais ne sait pas comment lui

---

1. Voir Aldo CAROTENUTO, *Riti e miti della seduzione*, Milan, Bompiani, 1984 ; Claude DEGRESE et Patrick AMORY, *Le Grand Jeu de la séduction*, Paris, Robert Laffont, 1986 ; Georg SIMMEL, *Untersuchungen über die Formen der Vergesellschaftung*, Berlin, Dunter und Humboldt, 1908.

communiquer son amour. Elle a peur d'être rejetée. Un jour elle décide de se jeter à l'eau : elle s'apprête avec soin, prépare ses mots pour lui déclarer sa flamme. Elle s'enferme dans sa chambre et se les répète à haute voix. Mais dès qu'elle le voit, elle se sent tellement honteuse qu'elle n'a même pas le courage de lui dire bonjour. Elle se réfugie alors dans sa chambre en pleurant. Mais elle n'abandonne pas pour autant. Le soir, au moment de se coucher, elle pense à lui, et continue à réfléchir à la conduite à tenir. Elle imagine toutes sortes de stratégies pour qu'il tombe amoureux d'elle, et les met en pratique. Elle change de coiffure, et quand elle va assister aux matchs avec son frère et Gregory, elle se coiffe avec une attention particulière. Elle s'habille de façon à ce qu'il la remarque, parce qu'elle sait très bien qu'il la regarde en douce. Selina est allée jusqu'à solliciter l'aide de la maman de Gregory, qui est une amie de la sienne, et qui lui a confirmé que son fils était timide et hésitait à faire le premier pas. Alors Selina envisage à nouveau de lui parler, sans être sûre d'y parvenir.

— Elle réussira, elle réussira, donne-lui un peu de temps. Les adolescentes d'aujourd'hui sont délurées et très astucieuses, dit Rosa en riant.

— Rosa a raison, s'exclame Vieva en riant à son tour. Certaines petites filles sont déjà effrontées et dotées d'un brin de ruse féminine. C'est le cas de Tecla : à douze ans, elle est en Cinquième. Jusqu'à la Sixième, elle n'a jamais eu de faible pour personne. Puis elle a rencontré Martin, et entre eux cela a été le coup de foudre. Elle a été frappée par sa beauté et sa personnalité. Martin a les cheveux blond foncé coupés au carré, les yeux verts. Tecla se souvient que la première fois qu'elle l'a vu, il portait des jeans très larges, des chaussures de tennis montantes et un pull immense. Ils se sont adressé la parole comme s'ils se connaissaient depuis toujours. Tecla comprend que c'est un bon garçon. " Il n'est pas comme ces idiots qui s'y croient et qui disent des gros mots ", dit-elle. Depuis ce jour ils se voient souvent, ils sont bien ensemble. Ils s'apprécient, mais pour l'instant ça ne va pas plus loin. Pourtant Tecla a l'impression que Martin est en train de faire un pas en avant. Il lui fait des " gentilles farces ", la regarde " bizarrement ", s'empare de son cahier de textes pour le feuilleter. Tecla espère qu'il va se décider à lui dire qu'il l'aime, parce qu'elle souffre de le voir parler à d'autres filles et plaisanter avec elles. Elle " pense beaucoup à lui et n'arrive pas à se le sortir de la tête ". Et puis elle est très jalouse.

« Tecla a compris, continue Vieva, que pour séduire, elle devra contrôler ses émotions et son comportement. Elle s'est promis d'imiter celles qui " considèrent les garçons comme des extraterrestres ou les détestent ", parce qu'elle a découvert " qu'elles obtiennent des résultats ". Elle voudrait jouer l'indifférente, bavarder avec ceux qui lui plaisent, sans se comporter comme une amoureuse tremblante et balbutiante dès que son petit ami s'approche d'elle. Elle aimerait lui montrer qu'elle est forte et sûre d'elle-même. Elle n'a pas encore décidé exactement comment " attirer l'attention de Martin et le capturer ". Elle sait qu'il aime les jeans très ajustés, les grandes chemises et les jupes. Alors elle s'organise. Elle a demandé à sa maman de lui acheter les jeans en question et de lui prêter ses chemises. Étant donné qu'elles sont toutes plus ou moins à sa taille, elle peut en avoir autant qu'elle veut, et toutes sont élégantes. Mais comme Martin apprécie aussi les jupes, elle s'en est fait offrir une. Ça a bien marché : le jour où elle a mis sa jupe, une fille qui " tourne " autour de Martin, " rongeait son frein " parce qu'il ne parlait qu'à Tecla. »

Amour et sexualité

« Énamourement et sexualité naissent séparément et
ne se rejoignent que par la suite. » Je murmure cette
phrase pour moi-même quand soudain ma femme, sans
doute par provocation, me dit : « Veux-tu balayer cent
ans de psychanalyse ? Tu sais parfaitement que pour la
psychanalyse toutes les formes d'attraction et de plaisir
sont de nature sexuelle. La libido se développe en traver-
sant plusieurs phases. Les trois premières sont prégénitales : sexualité orale, sexualité anale et sexualité
phallique. Quant à la sexualité génitale, elle apparaît bien
plus tard, à l'adolescence. Naturellement les enfants
éprouvent eux aussi de la curiosité pour les organes géni-
taux. Ils essayent par exemple de les explorer en " jouant
au docteur ". Mais ils ne ressentent pas de désir sexuel
génital. Toutes les manifestations amoureuses enfantines
dont nous avons parlé sont comprises dans les phases
prégénitales de la libido : excitation, frissons, sueur,
tremblements, étreintes, baisers...

— Je ne savais pas que tu étais convertie à la psychanalyse freudienne orthodoxe. Mais s'il en est ainsi, je précise-
rai ma pensée en disant que l'énamourement et la sexualité
génitale naissent séparément, et ne se rencontrent que
par la suite. Le désir de fusion physique et psychique de
l'énamourement précède le désir de fusion génitale.

— Mais selon les psychanalystes orthodoxes, insiste-
t-elle, l'énamourement est toujours prégénital. C'est une
résurgence du désir de fusion avec la mère, expérience qui
précède la naissance. Les enfants désirent revivre avec leur
amoureux les contacts cutanés, les baisers et les étreintes
qu'ils ont eus dans le passé avec leur mère.

— Mais cette expérience de l'énamourement n'est pas
une régression, ni un retour en arrière. C'est le contraire

de la régression. C'est ce que j'ai appelé " historicisation " : un retour dans le passé qui permet de s'en libérer et d'avancer vers le futur, pour créer quelque chose qui n'existait pas auparavant : un couple. Non pas le couple enfant-mère, mais un couple différent, qui vise à remplacer le premier. L'énamourement est la naissance d'un " nous ", d'une collectivité formée de deux personnalités distinctes et de valeur équivalente. Celles-ci souhaitent à la fois se fondre l'une dans l'autre et développer chacune de son côté ses potentialités. L'énamourement est la naissance d'une collectivité à l'intérieur de laquelle chaque individu renaît. »

Désormais je suis lancé, et j'insiste. « La maman et son nouveau-né ne forment pas une collectivité. La maman représente à elle seule un monde, dont l'enfant se différencie. Seuls deux individus déjà formés peuvent créer une collectivité, une entité nouvelle à l'intérieur de laquelle ils se transforment. Les amis forment une collectivité aux fortes connotations morales. L'énamourement produit une communauté esthétique et érotique qui, par la suite, devient elle aussi morale. Et cela est vrai dès l'enfance.

« Puis, à un moment donné, la pulsion génitale commence à se développer. Mais cette pulsion peut rester à l'écart du monde de l'amour, comme cela a lieu assez fréquemment dans notre société, surtout chez les hommes. D'un côté il y a l'amour et l'affection, et de l'autre, la sexualité. C'est particulièrement évident lorsque l'amour n'est pas partagé. Alors le garçon se livre à des explorations sexuelles avec ses camarades, notamment à l'aide d'images pornographiques. Mais peut-être ferais-je mieux de m'expliquer par un exemple concret. David, dix ans, est tombé amoureux de Rosalyn qu'il avait rencontrée pour la première fois à l'âge de trois ans. Ils s'étaient ensuite perdus de vue et se sont retrouvés dans la même classe, il y a deux ans. Ils ont eu un " coup de foudre ".

David a été frappé par la beauté et le caractère de Rosalyn. Mais il n'a jamais osé le lui dire. Il essaye d'être près d'elle, de lui tenir compagnie. Il pense continuellement à elle. Il la regarde en classe, il l'accompagne lorsqu'elle sort. Il est très jaloux quand il la voit parler à d'autres garçons. Au début de l'année scolaire, il a demandé à sa copine Letizia d'écrire un mot à Rosalyn pour lui demander si elle voulait se fiancer avec lui. Mais elle a refusé de le faire. Sa timidité a fini par le trahir : Rosalyn s'est fiancée avec un autre. Il a souffert et pleuré. Mais il ne renonce pas pour autant à son amour, et pense tenter sa chance l'année prochaine. Il est sûr qu'ils seront dans le même collège, tandis que le rival sera dans un autre. Ce sera l'occasion ou jamais.

« La sexualité, David n'en parle qu'avec un ami de quatorze ans qui lui a montré des revues pornographiques. David dit qu'il a été dégoûté. Il sait que cet ami plus grand et son cousin font les " choses " qu'il a vues dans les journaux, chez eux en cachette, quand les parents sont absents. Ils se touchent, regardent leur pénis, se masturbent mutuellement, et pratiquent la sexualité orale. L'ami lui a proposé de se joindre à eux, mais il a refusé.

— Le cas de Maurizio, dix ans, ressemble à celui-ci, intervient Vieva. Maurizio est tombé amoureux d'Evelyn à six ans, au CP. Ses yeux lui plaisaient beaucoup. Il lui a demandé si elle voulait se fiancer avec lui, mais elle a répondu non. Il l'a toujours aimée. Il lui envoyait des petits mots : " Tu me plais, veux-tu te fiancer avec moi ? " Mais rien, " elle ne répondait pas ". L'année dernière, à neuf ans, en CM1, il est tombé amoureux d'Eleonora qui a le même âge que lui. Eleonora est très belle, mais elle non plus n'a pas voulu de lui. Il est resté amoureux d'elle pendant un an. Cette année il a retrouvé Evelyn et il est

" revenu à la charge ". Il se met en quatre pour lui plaire. Il lui demande si elle veut jouer, lui dit qu'elle est mignonne, il est gentil avec elle et la défend lorsque les autres la tapent, mais rien à faire.

« En ce qui concerne la sexualité, il dit qu'il lui arrive de regarder des revues pornographiques avec des copains de son âge et d'autres plus grands. Puis ils s'observent, nus, pour voir lequel a le plus gros sexe, et ils se touchent. Une fois, pour jouer, lui et son groupe ont mis des masques et ont débarqué chez le marchand de journaux avec un pistolet en plastique. Ils ont prévenu qu'il s'agissait d'un vol à main armée. Ils voulaient des affiches de femmes nues. Le marchand de journaux a compris la fanfaronnade, n'a pas appelé la police et les a laissés partir. Maurizio dit qu'en participant à ces jeux sexuels avec ses camarades, il se sent plus grand. En classe, Ricardo et lui tripotent les filles pour s'amuser. Ils les touchent, puis se sauvent et rient de les voir se fâcher. Avec orgueil, il ajoute qu'ils sont " les deux fauves de la classe ".

— Vieva, ce cas nous démontre également que la pulsion sexuelle se développe en dehors des rapports amoureux, loin de l'affection et de la tendresse, mais au sein du groupe. Je tiens à vous faire remarquer que, dans ces expériences sexuelles masculines, le meilleur ami n'a aucune importance. David et Maurizio ne regardent pas les revues pornographiques avec leur meilleur ami, et ce n'est pas avec lui qu'ils se livrent à des jeux sexuels. Ils le font avec des copains plus âgés, et en groupe. C'est une façon de démarquer la sexualité d'un quelconque lien affectif, de la développer à part. C'est en cela que la camaraderie virile et le caractère impersonnel du groupe peuvent être utiles.

« J'ajouterais qu'une frustration amoureuse peut faciliter cette expérience. Dans mes travaux sur l'amour, j'ai rencontré beaucoup d'hommes qui ont développé une

sexualité à l'écart de l'amour à la suite d'une grave déception. Je ne pensais pas que ce processus pouvait commencer si tôt. Peut-être les amours et les frustrations infantiles
ont-elles des effets à long terme, bien plus importants que
ce que nous imaginons. »

Énamourement chez l'enfant et chez l'adulte

« La provocatrice peut-être satisfaite ! fait Rosa en riant.
Tu as clarifié ta pensée. Mais au point où nous en sommes,
ne devriez-vous pas tous souligner la différence qui existe
entre l'énamourement infantile et l'énamourement adulte ?
Si j'ai bien compris, bien que le fait de tomber amoureux
soit un composé de désir, de passion, de bonheur et de
douleur, les enfants ne vivent pas l'expérience complète de
l'état naissant, de la fuite de l'ancien milieu à la renaissance
de soi au sein d'une nouvelle société. Il est encore trop tôt,
comme tu l'as dis toi-même, pour que l'énamourement
infantile procure " la vision d'un idéal infiniment meilleur
que celui qui existe, l'avènement d'un nouveau ciel et
d'une nouvelle terre ". Est-ce exact ?

— En effet les enfants éprouvent de l'amour, et même
un amour intense, dis-je, mais cela ne va pas jusqu'à la
révolte ou la rupture avec le passé comme ce sera le cas par
la suite, pendant l'adolescence. Parce que les enfants sont
dépendants de leurs parents, et ne peuvent pas organiser
librement leur vie. Ce sont leurs parents qui déterminent,
qui circonscrivent leur monde. De qui les enfants vont-ils
tomber amoureux ? D'un camarade de classe, ou d'une
rencontre de vacances. Mais en changeant de classe ou en
rentrant de vacances, ils n'ont plus la possibilité de revoir
leurs petits amis et finissent par les oublier. Les enfants
savent qu'ils ne peuvent pas compter sur leurs seules forces

pour déterminer le cours de leur vie ou poursuivre une relation. D'ailleurs ils n'essaient même pas de le faire.

« Et pourtant ils prennent leurs expériences amoureuses au sérieux, elles les font souffrir et font battre leur cœur. Avec la complicité de leur meilleur ami, ils les défendent jalousement des intrusions extérieures. S'ils ne peuvent pas rebâtir leur monde autour du nouvel objet d'amour, l'amour qu'ils éprouvent n'en est pas pour autant un simple penchant ni une toquade, dans la mesure où, souvent, il dure longtemps. À quelques exceptions près, à partir de l'âge de cinq ou six ans les enfants ne sont pas capricieux ni volages. Dès neuf ans ils peuvent paraître étrangement mûrs et posés. Leurs amitiés sont très stables, leurs amours bien installées.

« Vers neuf ou dix ans, l'enfant trouve un équilibre entre autonomie et dépendance. Il aime ses parents mais il a d'autres liens affectifs solides qui n'entrent pas en rivalité avec les premiers. Il donne l'impression — pardonne-moi, Vieva, je sais que cette image te déplaît — d'être déjà un petit adulte. Ce sentiment de maturité et de sérieux vient de ce qu'ils prennent exemple sur les adultes. Les enfants utilisent par exemple le mot " fiancé ", mot dont ils ne se serviront plus à l'adolescence. Certains pensent déjà à se marier, à avoir des enfants. Ce sont des idées et des comportements qu'ils ont appris des adultes. L'enfant vit dans le monde de l'adulte, sa référence est l'adulte, il l'admire, il s'identifie à lui et désire donc lui ressembler. N'oubliez pas que l'adulte se présente à lui sous son jour le plus positif, le plus cohérent, parce qu'il souhaite donner le bon exemple à ses enfants. Et ceux-ci, observateurs redoutables, cherchent à se conformer à un idéal d'adulte sérieux, moral, comme il faut. Voilà pourquoi ils nous semblent si " mûrs ".

— La sincérité est une autre caractéristique de l'amour

enfantin, ajoute Vieva. Les enfants éprouvent un sentiment intense et frémissant avant de savoir s'ils seront aimés en retour, et sans pouvoir déchiffrer les intentions de l'autre. Ils ont peur de s'exposer, d'être rejetés. Ils se sentent fragiles et sans défense. C'est pourquoi, comme nous l'avons vu, ils se protègent par la timidité et la honte.

— Et dans ce domaine ils ne savent pas faire semblant, dis-je. Alors qu'ils sont tout à fait capables de mentir à leurs parents, d'inventer des histoires quand ils veulent attirer leur attention. Mais quand ils sont en proie à des émotions inconnues, ils sont si troublés qu'ils n'arrivent pas à mentir. Ils n'arrivent pas non plus à se mettre en avant, à faire la cour, à jouer le jeu de la séduction. Ils ne savent pas tromper pour séduire, ni mettre en scène des sentiments qu'ils n'éprouvent pas. Ils sont condamnés à la sincérité.

— C'est peut-être pour cela que les enfants nous plaisent tant et nous attendrissent, dit Vieva. Parce qu'ils sont sincères et honnêtes même lorsqu'ils n'ont pas l'intention de l'être. Parce qu'ils nous prennent au sérieux, nous et nos déclarations, nous et notre moralité.

— Tu sais, Vieva, si j'étudie depuis longtemps le moment où l'on tombe réellement amoureuse, c'est parce qu'il est l'un des rares où l'adulte est contraint à la sincérité, où la vérité de ses sentiments s'impose à lui. En temps normal nous nous trompons nous-mêmes et trompons les autres. Nous simulons, nous mettons en scène des émotions que nous n'éprouvons pas, comme c'est le cas dans les affaires ou en politique. Mais le grand amour nous empêche de feindre et nous contraint à dire en pleurant " Je me rends, je t'aime ". Le grand amour nous fait oublier notre orgueil, notre pouvoir, notre suffisance, parce que nous savons que nous ne pouvons pas obtenir de force l'amour de notre aimé. Nous dépendons de lui, d'une seule de ses paroles, et nous nourrissons d'espoir. Le grand amour est toujours un don, une grâce. »

Vieva sourit : « Et c'est pour cette raison que tu as voulu étudier l'amour chez les enfants. Parce que les enfants connaissent cette vérité. Ils aiment à distance, le cœur battant. C'est un amour fait d'espérance, de soupirs, de rêves, d'attente.

— Avant d'être partagé, tout amour est platonique, romantique. Les enfants sont des romantiques, ce sont les derniers romantiques. »

SECONDE PARTIE

L'adolescence et la jeunesse

CHAPITRE PREMIER

Nouveaux amis et nouvelles amours

L'entrée

Je suis dans mon bureau, chez moi à Milan. Madame Scramaglia m'a fait parvenir les données de son enquête sur les collégiens et les jeunes universitaires.

Plus j'analyse ces données, plus j'observe ces graphiques, et plus je suis convaincu que la sortie de l'enfance et l'entrée dans l'adolescence ne sont pas seulement un problème d'âge et d'évolution émotionnelle et mentale. Cela correspond avant tout à un passage social, à l'entrée dans une nouvelle communauté. C'est la répétition de ce qui s'est passé quand l'enfant est entré à l'école maternelle puis à l'école primaire. Désormais c'est au collège qu'a lieu cette « entrée ». Dans d'autres sociétés dotées d'un système scolaire différent, les rites de passage ne sont pas les mêmes, mais ils existent tout de même. Il s'agit toujours d'un changement brusque, de la séparation d'avec un monde familier et périmé, et de l'entrée dans un autre monde qui pendant un temps paraîtra inconnu et fascinant.

Le schéma de la naissance se reproduit systématiquement. L'individu qui grandit ne peut plus rester dans l'espace étroit où il a vécu jusqu'à présent. Peu à peu surgit en lui l'impulsion irrépressible de s'échapper. Lorsque enfin il se retrouve à l'extérieur, il éprouve un sentiment de peur, mais aussi de libération. Freud s'est trompé en ne voyant dans le choc de la naissance que le prototype de l'angoisse [1]. La naissance est aussi fuite, respiration, mouvement, liberté. Chaque fois que cette expérience se répète, l'individu se sent attiré par un passé familier et sûr, mais comprend que le nouveau monde est sa vraie patrie, l'endroit qui lui est destiné. Au fur et à mesure qu'il avance, il devient plus fort, plus sûr de lui, et se détache émotionnellement de l'ancien monde qui jusqu'alors lui avait paru le seul lieu vivable.

Le changement rapide qui s'opère en l'espace de quelques mois, lors du passage de l'école primaire au collège, est parfaitement illustré par ce témoignage d'une mère.

« Margherita a un an d'avance, si bien qu'elle est en Sixième alors qu'elle n'a que dix ans. À la fin du CM2, elle a insisté pour rester dans la même école. Elle a pu ainsi garder les mêmes camarades, continuer à passer ses journées dans le même établissement, à manger dans la même cantine, à jouer dans la même cour. Et pourtant que de choses ont changé ! Un vrai bouleversement s'est opéré en l'espace de quelques mois, parfois même en quelques jours seulement. Et le fait qu'elle soit la plus petite dans son nouveau milieu, physiquement et par son âge, ne change rien. Dès le premier jour de Sixième, elle s'est sentie grande. Elle ne va plus jouer avec les élèves d'école primaire, ne s'assoit même plus là où ils ont l'habitude de s'asseoir. Aucun élève du collège ne songerait un instant à aller se mêler aux petits.

« Jusqu'à l'année dernière, Margherita remplissait son cartable de billes et de vignettes de Walt Disney. Cette année, elle empoche furtivement son baladeur. Elle

---

1. Voir Sigmund FREUD, *Trois essais sur la théorie sexuelle*, trad. Ph. Koeppel, Paris, Gallimard, 1987 ; rééd. coll. « Essais », 1989, et *Introduction à la psychanalyse*, trad. S. Jankélévitch, Paris, Payot, 1972, « La nervosité commune », p. 356 s.

rapporte à la maison les cassettes que lui ont prêtées ses amies, qui sont folles de Céline Dion, une chanteuse dont je n'avais jamais entendu parler. Lorsque je lui ai demandé " Mais qui est-ce ? ", elle a levé les yeux au ciel d'un air de compassion et de reproche. Mais elle ne se contente pas d'écouter des cassettes en marchant. À la maison, pour faire ses devoirs, elle ouvre la radio à plein volume, choisissant elle-même les stations qui diffusent sa musique préférée. Elle affirme qu'elle travaille mieux en musique. L'envie me prend moi aussi de lever les yeux au ciel, mais je ne le fais pas. Je veux voir où l'amènera ce brusque changement.

« Dimanche dernier, en préparant son cartable, elle a voulu ranger ses stylos dans une boîte métallique mais elle n'arrivait pas à la fermer. Elle ne veut plus de la trousse que je lui avais achetée au début de l'année et qui lui plaisait tant. Pourquoi ? Parce que ses copines ont toutes une trousse en fer. Elle ne veut même plus des goûters et des jus de fruits que je lui donnais à emporter. Elle préfère faire comme les autres et acheter les sandwichs de l'école.

« Ses goûts vestimentaires ont changé du tout au tout. Pas question de s'habiller comme avant, désormais seuls comptent les conseils de ses amies et la façon dont elles s'habillent. J'aurais tant aimé qu'elle continue à porter ses robes à smocks, mais j'ai abandonné en voyant à quel point cela la faisait souffrir ! J'ai même renoncé à lui faire mettre son blouson de toile claire parce que, à peine arrivée en vue de l'école, elle le roule en boule et le met dans son cartable. Comme ça, dit-elle, ses amies ne le voient pas. Pour Noël elle a demandé à son père des bottines d'une marque dont nous n'avions jamais entendu parler. Il paraît qu'elles sont très à la mode. Effectivement elle en est fière, parce qu'elle a obtenu l'approbation de ses copines. Elle a vidé les armoires des peluches et des poupées, et a demandé à sa grand-mère de lui acheter " n'importe quoi pourvu que ce soit noir ". La semaine dernière je lui ai trouvé une salopette noire avec des petits cœurs rouges. Elle est rentrée à la maison rayonnante. " Tu sais, maman, mes amies qui me reprochaient de m'habiller comme une gamine, eh bien aujourd'hui elles m'ont dit que je m'habille OK. "

« Mais ce n'est pas fini. Elle s'est mise en tête de me rééduquer. Il y a quelques jours j'étais en train de me préparer pour sortir. Margherita a fait irruption dans ma chambre avec une détermination d'adulte et m'a dit le plus sérieusement du monde : " Maman, il vaut mieux que je te conseille quoi mettre, parce que tu es peut-être élégante, mais moi je suis moderne. " Tout en disant cela elle ouvre l'armoire et les tiroirs, m'expliquant ce qui est bien et ce qui ne l'est pas. Puis elle cherche à assortir tissus et couleurs, de façon à me rendre présentable. Même mes cheveux ne lui plaisent plus. Avant elle était fière de mes longs cheveux blonds. Aujourd'hui elle me conseille de les couper, de changer de couleur et de me coiffer d'une autre manière. Elle essaie de m'entraîner dans son monde, dans le monde de ses amies, en me mettant au courant des chansons, de la mode. Mais que va-t-il se passer lorsqu'elle comprendra que je ne peux pas la suivre, que nous sommes différentes ? Alors elle se séparera de moi et de son père. Elle coupera ce cordon déjà fragilisé en tant d'endroits.

— Mais ces suggestions lui ont été faites par une amie particulière, par sa meilleure amie ou par un groupe de copines plus âgées ? ai-je demandé.

— Margherita n'a jamais eu une seule amie de cœur. Depuis peu elle a rencontré Silvana, qui est très affectueuse, et a cessé de fréquenter ses copines de l'école primaire. Je ne crois pas que ce soit Silvana qui lui fasse ces suggestions et critique ses vêtements. Elle n'est pas la seule en tout cas.

— Et l'amour dans tout ça ?

— Il y a eu un changement là aussi. L'année dernière elle

aimait bien Gabriel, un garçon blond de petite taille, aux cheveux coupés au carré et aux yeux fripons. C'était son copain depuis toujours, mais elle ne m'en avait jamais parlé. Je m'en suis rendu compte un jour en allant la chercher à l'école. J'ai vu que ce n'était pas moi qu'elle cherchait des yeux, mais quelqu'un d'autre parmi ses camarades. Elle hésitait, ne voulait pas s'éloigner. Je lui ai fait signe que j'étais pressée, mais elle n'a pas bougé. Ce n'est que lorsque Gabriel est sorti qu'elle s'est approchée de moi, agitée. Le visage en feu, elle m'a demandé si l'on pouvait prendre le tram au lieu du métro, comme Gabriel. La voyant embarrassée et intimidée, je n'ai pas osé dire non. Jamais je n'aurais imaginé que Margherita soit si décidée. Gabriel s'est dirigé vers l'arrêt du tram, elle l'a suivi et l'a abordé.

« Mais cette année, dès les premiers jours de la Sixième, elle m'a dit que Gabriel ne lui plaisait plus, et qu'elle était tombée amoureuse d'un garçon de Cinquième. Il s'appelle Luca, il est plus grand qu'elle, très beau, blond aux yeux bleus. Elle a eu le coup de foudre. Elle parle de lui avec sa meilleure amie, Silvana. Pendant la récréation, avec la complicité de Silvana, elle a même réussi à entrer dans les bonnes grâces d'une fille de Cinquième, qui lui a raconté tout ce qu'elle savait sur Luca. Mais par la suite les choses ont dû se gâter, parce qu'elle ne m'a plus parlé de lui. Un mois plus tard elle m'a dit d'un ton morne qu'elle aimait toujours bien Gabriel. Mais elle est devenue avare de confidences. Elle ne veut plus rien me dire de ses amours. Si je lui pose des questions, elle change de sujet. Alors je n'insiste pas. »

Nouveaux amis et nouvelles amours

Je sors de mon bureau et, sans m'en rendre compte, je me retrouve sur la terrasse toute fleurie. Je m'assois sur un des fauteuils blancs et contemple les lauriers-roses.

Pour entrer dans un nouveau monde, me dis-je, nous avons donc tous besoin d'un secours, d'un camarade, de quelqu'un qui nous assiste. Les figures fondamentales de l'initiation sont au nombre de trois : le Maître, celui qui sait et guide sans faire d'erreur. L'Ami, le compagnon de chasse et de guerre, celui qui, loyal, reste à nos côtés et nous aide. Et enfin, la personne qui nous plaît, dont on s'éprend, et avec laquelle on peut créer une communauté érotique : l'Aimé. À tous les âges — que ce soit à l'école maternelle, à l'école primaire ou au collège — garçons et filles trouveront un nouveau maître, un nouvel ami et un nouvel amour.

À l'école primaire, le Maître est incarné par le parent ou l'enseignant, et l'Ami est celui à qui l'on confie ses secrets, et qui protège notre fragile intimité. Au collège au contraire, le parent et l'enseignant ont un rôle moindre. Le groupe des pairs prend la relève pour conseiller et guider. L'enfant observe ses nouveaux camarades, apprend à leur contact et les imite, parce qu'il veut être coparticipant et coartisan de sa vie sociale toute neuve. Mais cette nouvelle communauté est trop différente, trop vaste, trop pleine d'embûches pour qu'un enfant puisse l'affronter en solitaire. Il a besoin de quelqu'un en qui il puisse avoir entièrement confiance : le meilleur ami. Celui-ci doit faire plus qu'écouter et protéger, car le monde préadolescent est plus complexe, plus dynamique, plus troublé, plus imprévisible que le monde enfantin. L'ami doit agir en éclaireur, il doit être un explorateur et remplir la fonction de modèle.

Tout en ruminant ces pensées, je reviens dans mon bureau pour y consulter attentivement les pourcentages de l'enquête conduite à partir de questionnaires [1]. Je me rends compte qu'à plusieurs niveaux la configuration du meilleur ami a évolué entre l'école primaire et le collège :

---

1. Recherche SAI 2.

À propos du meilleur ami	École primaire	Collège
Je peux lui faire confiance	91	95
Il me raconte ses secrets	77	84
Je le préfère aux autres	61	74
Il croit tout ce que je dis	50	59
C'est le plus fort	17	33
J'essaye d'être comme lui	12	19

Il n'y a pas de doute. L'élève d'école primaire ne dit pas qu'il voudrait ressembler à son meilleur ami, mais qu'il le préfère aux autres parce qu'il peut lui faire confiance. Il ne tient pas à ce qu'il soit « le plus fort ». Il apprécie ses qualités morales, ses vertus personnelles, et non pas ses qualités ou compétences sociales. Au collège, il choisit de nouveau un camarade digne de confiance, mais il espère aussi qu'il sera supérieur aux autres, plus habile et plus « dans le vent » qu'eux.

En ce qui concerne l'amour, nous remarquons que les expériences de l'école primaire ont tendance à s'arrêter au moment de l'entrée au collège, pour laisser la place à d'autres. Le nouveau milieu, les nouvelles amitiés, le nouvel amour ternissent la mémoire des anciens, et les déprécient. Le préadolescent a tendance à prendre ses distances vis-à-vis de ses propres expériences enfantines et à ne retenir que les histoires d'amour qu'il est en train de vivre.

Ludovica a dix ans et l'année dernière, en CM2, elle est tombée amoureuse de Cesare, qui a le même âge. Ils étaient copains depuis le CP et jouaient au basket ensemble. Un jour, Cesare lui a demandé « si elle voulait sortir avec lui », et elle a accepté. Cela faisait un an que Cesare lui plaisait. Ils se sont « fiancés ». Ils allaient jouer au jardin, bavardaient, s'embrassaient sur la joue parce que le papa de Ludovica avait dit « qu'ils étaient trop petits pour s'embrasser sur la bouche ». Mais cette année Cesare est entré au collège, et la petite fille constate avec tristesse qu'il ne la regarde plus parce qu'il a de nouveaux amis. Cesare confirme le récit de Ludovica. Il vient de rencontrer une nouvelle fille à l'école. Il n'a pas oublié Ludovica, soutient qu'ils sont toujours amis, mais que voilà, il a grandi. Son histoire avec Ludovica c'est du passé, et de toute manière ils étaient petits.

Où nous résolvons le mystère du « premier amour »

Ma femme me rejoint avec deux tasses de thé sur un plateau. Elle s'assoit à côté de moi.

« Qu'est-ce qui te préoccupe ?

— Je voudrais repérer le moment où naît le premier amour, mais les réponses que j'ai à ma disposition sont contradictoires. Regarde ce graphique.

— On dirait une chaîne de montagnes, avec trois sommets.

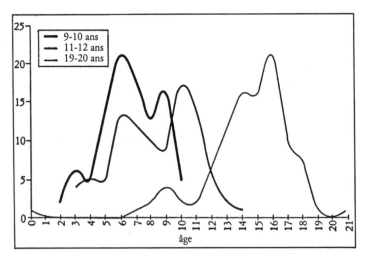

— Peut-être, mais ces " montagnes " sont en fait les réponses à une question que nous avons posée aux élèves de CM1 et CM2, aux collégiens et aux étudiants de l'université, âgés respectivement de neuf-dix ans, onze-douze ans et vingt ans. La question était : à quel âge as-tu eu ton premier amour ?

— Et qu'ont-ils répondu ?

— Les réponses des enfants de neuf et dix ans correspondent à la ligne plus épaisse à gauche, celle qui forme le premier sommet. La plupart d'entre eux affirment en substance avoir eu leur premier amour à six ans. C'est pourquoi le premier sommet de la courbe correspond à cet âge.

— Et les garçons et filles de onze et douze ans ?

— Quelques-uns d'entre eux situent leur premier amour à six ans, mais la plupart disent qu'ils sont tombés amoureux à neuf ou dix ans. En fait la majorité d'entre eux appellent " premier amour " ce qu'ils sont en train de vivre dans l'instant. Ce phénomène est représenté par la seconde ligne, la ligne intermédiaire, qui forme le deuxième sommet de la courbe vers les neuf-dix ans.

— Qu'est-il arrivé ? Ont-ils déjà oublié leur premier amour de l'école primaire ?

— Probablement. Et maintenant regarde la ligne fine qui se prolonge à droite. Elle correspond aux réponses des étudiants de l'université. Ils disent avoir eu leur premier amour entre quatorze et seize ans : c'est le troisième sommet de la courbe. Ils ont donc oublié ou décidé de ne pas retenir les amours de leurs six ou dix ans. Lorsqu'on s'en étonne, ils rétorquent que c'était " un enfantillage, une bêtise, une bagatelle ". »

Rosa est perplexe, elle se verse une tasse de thé et demande : « Que se passe-t-il ensuite ? Quelles sont les réponses des adultes ?

— Essayons nous-mêmes. À quand remonte ton premier amour ?

— Quand j'étais en primaire, un de mes camarades de classe m'envoyait des mots doux, " Je t'aime, veux-tu te fiancer avec moi ? ". Je ne lui répondais pas, mais j'étais ravie de ses attentions. Puis à onze ans, pendant une fête, j'ai eu le béguin pour un garçon de seize ans qui faisait la cour à l'une de mes cousines. Mais c'était un amour impossible. Il se servait de moi comme facteur pour porter ses lettres à son aimée. J'ai ensuite eu une autre toquade à dix-huit ans, un amour à distance, sans conséquence. En revanche je suis tombée profondément amoureuse, à Milan, lorsque j'avais vingt et un ans, et c'était du sérieux. C'est ce que je définirais comme mon premier vrai amour.

— Tu vois ? Tu as encore reculé l'âge. Moi aussi je suis tombé follement amoureux à vingt et un ans et je considère que cela a été mon premier amour. Tout ce que j'ai vécu avant m'apparaît comme des toquades dénuées d'importance. Tu sais, Rosa, j'ai le sentiment que nous sommes parvenus à un résultat important au cours de cette recherche. Nous sommes partis de la question : quel est le premier amour ? Celui de l'enfance ? Celui de la préadolescence ? Ou celui de l'adolescence ? Bien. Maintenant nous avons la réponse : tous les trois. Il n'y a pas de premier amour absolu. À chaque étape importante de notre vie, nous vivons un nouvel amour qui nous paraît plus important, plus authentique que les précédents. C'est pourquoi nous avons tendance à indiquer comme " premier amour " celui qui est le plus proche de nous et donc le plus vif dans notre esprit. Puis nous nous souvenons de certaines amours particulièrement intenses qui ont eu des répercussions sur notre vie. Ou encore de celles qui nous ont fait souffrir. L'amour reste alors comme une grande blessure douloureusement vive, comme une grande tâche interrompue en attente de solution. C'est alors, généralement, un autre amour d'intensité égale qui peut nous apporter la solution ; le premier nous paraît soudain vide d'intérêt, et finit par être une affaire classée. La règle, donc, ne change pas : l'amour, qu'il soit synonyme de joie ou de souffrance, c'est ce que nous éprouvons sur le moment.

— Pourquoi cet étrange phénomène n'a-t-il pas cours en amitié ?

— Pour le comprendre il n'est pas inutile de rappeler quelques éléments essentiels de la théorie de l'énamourement. Au cours du processus conduisant au sentiment amoureux — une expérience particulièrement intense —, un véritable remaniement du passé a lieu, grâce au mécanisme d'historicisation [1]. Tomber amoureux nous permet de nous transformer et d'acquérir une nouvelle identité, constituée de ce que nous avons été, de ce que nous avons vécu. L'amoureux doit devenir un nouvel individu, et c'est pourquoi il revit son passé, le regarde d'un œil différent, le juge, le réinterprète. S'il souffrait encore de la déception subie, soudain il se rend compte avec stupeur qu'il est guéri. Il a vidé le passé de sa force d'attraction, il s'en est libéré. Les deux amoureux veulent entrer en fusion, et mettre en commun non seulement le présent, mais aussi tout ce qu'ils ont vécu chacun de leur côté. Ils passent des heures ensemble, et chacun éprouve le besoin de raconter à l'autre sa propre vie, ses propres expériences, parce qu'il veut que l'aimé voie le monde ainsi qu'il l'a vu lui-même. De cette manière, le passé est littéralement refait, les vieilles amours disparaissent au profit de l'amour le plus récent.

« Si l'on se conforme au dicton, on n'oublie jamais son premier amour. Mais ce n'est pas vrai. Le passé est continuellement réélaboré. Le premier amour est oublié afin que la mémoire range les amours passées dans le réservoir de l'oubli pour faire place nette et auréoler de splendeur l'amour présent. Nous pouvons donc en conclure que ce que les adultes nous racontent de leurs amours d'enfance est totalement — ou presque — dépourvu de crédibilité. »

1. Voir Francesco ALBERONI, *Je t'aime, tout sur la passion amoureuse*, trad. Cl. Ligé, Paris, Plon, 1997, p. 77 et 137-140.

CHAPITRE II

L'internationale des jeunes

Le culte des stars

Nous sommes ma femme et moi dans le studio de télévision de Canale 5. Tout à coup nous entendons un grand tapage. À travers les portes vitrées nous voyons arriver une centaine de filles hurlantes. Elles ne prêtent aucune attention à ce qu'elles rencontrent sur leur passage, heurtant les gens çà et là. Parvenues à une barrière, elles s'agrippent aux grillages, en sueur, le visage congestionné, les yeux écarquillés. Elles poussent des cris perçants, des cris bien particuliers parce que s'y trouve mêlé le timbre aigu de l'enfant, quelque chose de l'animal et du fanatisme adulte. Ce sont les mêmes cris que lançaient il y a quarante ans les adolescents fous d'Elvis Presley [1]. Les mêmes que ceux que l'on entend dans le film *Le Parrain* à l'arrivée du chanteur. Ce sont des cris d'excitation et d'adoration, des cris de bacchantes retrouvant leur dieu, comme cela se produit dans le monde entier.

En sortant dans la cour, derrière la haie des adolescentes, nous apercevons leurs parents. Ils attendent en silence, déconcertés, patients. Alors que je suis en train

---

1. Voir Albert GOLDMAN, *Elvis, un phénomène américain*, Paris, Robert Laffont, 1982.

d'appeler un taxi, un père s'approche de ma femme et lui dit d'un air à la fois embarrassé et résigné : « Que voulez-vous, madame, c'est l'âge. Elles attendent les Take That, un groupe de musique anglais. Si vous saviez quelles scènes a faites ma fille pour venir voir ses idoles ! J'ai fini par céder et par l'accompagner. »

Nous montons dans le taxi et rentrons à la maison. Je me remets à penser à ma recherche. En étudiant témoignages et données sur les enfants, je n'ai jamais rencontré de comportement aussi déchaîné, aussi extraverti. Les petites filles ont peur de révéler leurs sentiments. Elles sont timides et réservées. Habituellement, elles ne racontent leurs amours qu'à leurs meilleures amies, en leur faisant promettre de garder le secret. Jamais elles ne feraient en public une scène comme celle à laquelle je viens d'assister.

Ces filles de treize ou quatorze ans sont complètement différentes. Elles n'ont plus peur, elles n'ont plus honte. Elles ont perdu toute timidité et toute retenue, elles sont prêtes à faire n'importe quoi. Si elles peuvent agir ainsi, c'est parce qu'elles ne sont plus isolées. Elles sont unies par un même but, une même croyance, une même foi. Leurs certitudes sont absolues. La force qui les anime et les entraîne n'est pas individuelle mais collective. Le culte des vedettes est un produit de la culture juvénile. Les Take That (comme l'ont été les Beatles, les Rolling Stones, les Pink Floyd pour leurs pères et mères) sont aujourd'hui leurs poètes, leurs héros, leurs prophètes, leurs philosophes, leurs *leaders* culturels [1]. Ces filles hurlantes font partie d'une communauté, d'un peuple, et acclament

---

1. Sur le thème du vedettisme, voir Edgar MORIN, *Les Stars*, Paris, Éd. du Seuil, 1972 ; rééd. Paris, Galilée, 1984. Francesco ALBERONI, *L'Élite senza potere*, Milan, Bompiani, 1973, et Lisa A. LEWIS, *The Adoring Audience*, Londres, Routledge, 1992.

leurs chefs de bande, leurs idoles. Elles n'éprouvent donc plus aucune honte ni aucune peur, et deviennent capables de se rebeller contre les contraintes émotionnelles de la famille, des adultes.

L'intérêt pour les vedettes commence très tôt, dès l'enfance. Parce que les stars sont des personnages connus de tous. Ce sont les héros de notre temps. La moitié des élèves, garçons et filles confondus, de collège et de lycée, déclarent avoir eu une passion pour une star. Chez les enfants, cette passion n'a pas de caractère érotique, tandis que chez les adolescents, elle en aquiert avec le passage des années [1].

Les garçons s'intéressent plutôt aux grands sportifs de sexe masculin. Ou encore aux beautés du cinéma et de la télévision. Les filles préfèrent les chanteurs. En outre, dès la préadolescence se développe un intérêt érotique pour les acteurs, notamment les acteurs de leurs séries préférées. Les garçons sont attentifs à la beauté et au corps, ils sont attirés par les *top-models*, par certaines actrices provocantes.

Chez les filles, en revanche, entrent en jeu des estimations plus complexes, comme la personnalité et le talent des stars, et le contenu de leurs chansons. Dans certains cas le chanteur est non seulement admiré, mais aussi considéré comme l'homme idéal, celui qu'elles aimeraient avoir pour mari ou amant, celui pour lequel elles quitteraient père et mère. C'est le premier grand amour qui reste au niveau de l'imaginaire.

Quand l'érotisme s'éveille chez les jeunes femmes, elles

---

1. En utilisant une échelle graduée de 1 à 3, la passion pour la star du même sexe diminue de 2 en primaire à 1,8 au collège, et à 1,7 au lycée. La passion pour la star du sexe opposé, la passion érotique, augmente au contraire de 2 à 2,4 et à 2,6 (recherche SAI 2, 3, 4).

ont immédiatement les plus hautes aspirations, et choisissent un objet de désir aimé et admiré de tous. Il y a chez les jeunes femmes une énergie érotique débordante dans leur recherche d'un objet approprié, méritant et digne. Les garçons qu'elles rencontrent dans la réalité ne parviennent pas à canaliser cette énergie. Cette énergie aspire à quelque chose de plus élevé et le trouve dans ces personnages que sont les *leaders*, les guides culturels de leur peuple [1].

L'internationale juvénile

Au cours de l'adolescence, de nouveaux facteurs entrent donc en scène avec force. Le *premier* : la croissance du corps qui commence à prendre sa forme adulte. Par rapport à l'enfant, l'adolescent est déjà un géant, qui plus est un géant qui n'a pas fini de grandir. Pendant longtemps les enfants ne diront pas « il est plus vieux que moi », mais « il est plus grand que moi ». Le corps adulte est le fondement physique de l'autonomie, il permet de s'opposer aux adultes, de travailler, de devenir indépendant, de survivre seul. Autant pour l'enfant cette possibilité reste lointaine, autant pour l'adolescent elle est proche, et se rapproche de jour en jour, de mois en mois.

Le second facteur est la maturation sexuelle, atteinte grâce au développement hormonal, qui engendre une transformation du corps et des désirs nouveaux et spécifiques. L'enfant désire et éprouve du plaisir à être embrassé, caressé. Si la masturbation lui procure une curiosité

1. Sur l'amour des adolescents pour les stars, voir Francesco ALBERONI, *Le Vol nuptial, l'imaginaire amoureux des femmes*, trad. Pierre Girard, Paris, Plon, 1994 ; rééd. Pocket, 1995.

sexuelle et un plaisir génital, pour autant il ne sait pas
encore ce qu'est exactement l'orgasme, cette montée
paroxystique de la tension et du désir qui s'évacue dans un
océan de plaisir convulsif.

Pendant l'adolescence, la sexualité se présente sous
forme d'ondes d'excitation et d'attraction, de chagrin et
de langueur.

Le troisième facteur est l'émancipation sociale par rapport à la famille, qui se manifeste sous forme de
conquête de son autonomie intérieure et de ses goûts
propres. Elle se signale aussi par l'opposition et la révolte
à l'égard de ce que pensent, veulent et programment les
parents. Il arrive que l'enfant dise non lui aussi, mais il
se retrouve alors isolé. Le groupe de ses amis, à moins de
comporter des filles et des garçons plus grands, est trop
faible pour s'opposer à la volonté des adultes. Il n'a pas
de valeurs ni d'idéaux propres : il les emprunte au
monde adulte. Le groupe des adolescents est plus fort et
offre au sujet une communauté alternative à la famille.
C'est chez ses amis, au sein du groupe ou de la bande,
que l'adolescent emprunte de nouveaux modèles lui permettant de modifier sa conception du monde. Aucun
individu ne peut élaborer seul une conception et un
projet du monde. Il ne peut le faire qu'au sein d'une
communauté. Les adolescents sont déjà en condition de
créer une communauté.

Le quatrième facteur, peut-être le plus important, est
l'entrée dans la société juvénile. À une époque la
communauté des adolescents était circonscrite, locale, et
constituait de toute manière une préparation à l'entrée
dans le monde adulte. En l'espace de quelques mois, les
rites de passage de toutes les sociétés primitives transfor-
maient l'adolescent en mère ou en guerrier potentiels.
En revanche le monde moderne a engendré quelque

chose de totalement nouveau : une communauté juvénile internationale séparée, avec ses propres valeurs, ses styles de vie, ses goûts, sa musique, son *leader*, ses héros. Arrivés à onze ou douze ans, le garçon et la fille ne frappent pas aux portes du monde adulte, mais pénètrent dans cette société constituée entièrement de jeunes. Le passage est très rapide. En quelques mois, ils s'habillent de la même manière, écoutent la même musique, ont les mêmes idoles que les adolescents de Sydney, Taiwan, Moscou ou New York.

La formation de cette internationale juvénile a commencé dans les pays anglo-saxons à la fin des années cinquante et au début des années soixante avec les grands mouvements collectifs : *beatniks, hippies,* mouvement étudiant [1]. Ces mouvements n'existent plus, mais ils nous ont légué leur héritage institutionnel ou, mieux encore, leur coque vide. Ils refusaient le monde adulte et voulaient créer un monde de bonheur et de paix, où tous auraient été frères et sœurs. Ils rêvaient de la fin de la préhistoire et de l'avènement de la rédemption, de la liberté et de la justice, rêve qu'ils cherchaient à mettre en pratique dans leurs communautés. Le rêve a disparu, mais la séparation d'avec le monde adulte s'est perpétuée. D'autres mouvements mineurs ont fait leur apparition et chacun d'eux, telle une pierre décrivant des ondes lorsqu'on la jette dans l'eau, a créé autour de lui tout un halo de modes, de façons d'être. Ondes culturelles, mots d'ordre, diffusion de drogue, mais surtout la musique. Après le rock d'Elvis Presley, la musique des Beatles et des Rolling Stones, sont

---

1. Sur les mouvements juvéniles des années soixante, voir Gianni STATERA, *Death of a Utopia*, New York, Oxford University Press, 1975 ; Charles A. REICH, *Le Regain américain*, Paris, Robert Laffont, 1971.

nés et ont convergé le reggae de Bob Marley, la musique *punk* et tous les autres genres musicaux jusqu'à aujour- d'hui. On peut dire la même chose des modes vestimen- taires, de la danse, de l'utilisation de la drogue, des orientations écologiques.

Aux dépens du monde juvénile s'est constitué tout un système économico-financier de dimension mondiale, qui détient et gère les moyens de communication de masse, les spectacles et la consommation. L'internationale juvénile est désormais une Grande Institution capable d'absorber les mouvements de petite et moyenne dimen- sions. Elle a fait siens certains aspects des civilisations culturelles [1].

L'internationale juvénile n'existe pas dans des pays comme l'Iran de Khomeyni ou la Libye de Khadafi, de même qu'elle n'existait pas dans l'Italie de Mussolini, la Russie de Staline ou la Chine de Mao. Mais pas non plus en Angleterre ni aux États-Unis pendant la Seconde Guerre mondiale. Parce que alors tous les citadins, enfants et vieillards confondus, partageaient les mêmes valeurs, les mêmes idéaux, hissaient les mêmes drapeaux, chantaient les mêmes hymnes.

Les chefs culturels charismatiques de cette internatio- nale juvénile sont les acteurs, les sportifs, les humoristes et les chanteurs qui donnent une forme expressive aux senti- ments, aux pensées et aux problèmes des jeunes. Voilà leurs poètes, leurs prophètes, leurs héros et leurs philo- sophes, qui sont seuls dignes de foi, écoutés et crus. Les jeunes boivent leurs paroles, s'identifient à eux et les

---

1. La théorie du processus qui nous conduit du mouvement à l'institution et le concept de civilisation culturelle sont exposés dans Francesco ALBERONI, *Genesis*, trad. Raymond Couderc, préf. Alain Touraine, Paris, Ramsay, 1992.

adorent. Les parents et les enseignants peuvent donner des ordres et obtenir une obéissance parce qu'ils ont un certain pouvoir de coercition, mais il leur est impossible de rivaliser avec les stars sur le terrain de la réputation, du prestige et des valeurs.

Le groupe de jeunes qui se retrouvent pour bavarder ou flâner n'est plus une communauté isolée, comme la bande que décrit par exemple William Foote dans *Street Corner Society* [1]. C'est désormais une émanation, une succursale, une cellule de l'internationale juvénile qui lui émet sans discontinuer informations, directives, modèles et mots d'ordre. Inséré dans un groupe quel qu'il soit, un adolescent apprend en l'espace de quelques jours à quels musiques, films et spectacles télévisés il doit s'intéresser. Quel type de sac, de chemise, de chaussures il faut porter. Si, suivant ses propres goûts, sa mère lui achète un agenda, un disque ou une salopette, il y aura toujours un copain pour prétendre qu'ils sont passés de mode.

Ainsi l'adolescence n'est pas caractérisée par un conflit entre l'individu et la famille, entre le besoin de dépendance et celui d'autonomie. Le conflit entre le monde juvénile et le monde adulte est global. Dans le monde adulte de l'École, de l'État, de la Famille, de la Loi, de l'Économie, de la Profession, les jeunes se déplacent comme des clandestins, des prisonniers ou des exilés. À l'école ils écoutent paresseusement les cours qui leur restent étrangers et qu'ils s'empressent d'oublier. Ils ne lisent pas les journaux, ne lisent pas de livres, ne regardent ni les films, ni les spectacles télévisés des adultes. Ils se barricadent dans leur chambre où sont placardés les posters de leurs héros et de leurs chefs, dans la rue ils

1. William FOOTE WHITE, *Street Corner Society, la structure sociale d'un quartier italo-américain*, Paris, La Découverte, 1996.

marchent isolés, voûtés, plongés dans leur musique. Ils ne se réveillent que le soir, lorsqu'ils se retrouvent entre eux dans une discothèque ou dans un café. Alors enfin ils savourent l'ivresse de s'entasser les uns sur les autres, la béatitude d'exister comme un seul corps collectif dansant.

Quel rôle remplit cette séparation, cette autoségrégation par rapport aux adultes ? Elle permet le développement de formes d'art et de pensée indépendamment du monde des pères, du joug de leurs directives et de leurs conseils. Ce n'est qu'ainsi que les jeunes ont la possibilité d'innover, de créer du nouveau. Dans les sociétés primitives et dans les sociétés importantes historiquement, tout le pouvoir culturel était concentré entre les mains des adultes. Enfants et jeunes devaient apprendre, suivre, obéir. À l'époque moderne, cette transmission culturelle rigide a été broyée par l'irruption des mouvements collectifs. Les protagonistes du christianisme, de l'islam, de la Réforme protestante, des révolutions française et américaine et des mouvements nationalistes ont été en majorité les jeunes, parce qu'ils étaient plus enthousiastes, plus prêts à accueillir le nouveau et l'utopie.

La société moderne est devenue de plus en plus articulée et complexe. La coutume de jadis a été remplacée par un réseau compliqué d'institutions légales, nationales et internationales, gérées par des pouvoirs puissants et capables d'une pression terrifiante. Il suffit de penser aux implications du contrôle monopolistique des moyens de communication de masse. Dans cette situation, le danger de voir s'éteindre les forces créatives et innovatrices n'est pas inexistant. Il a déjà eu lieu dans les régimes totalitaires et en particulier en Union soviétique, pendant presque soixante-dix ans.

C'est pourquoi les démocraties ont développé des mécanismes de défense. Des contre-pouvoirs sont nés, tels les mouvements politiques, les mouvements syndicaux et des droits civils, qui n'ont cessé de contester les institutions dominantes. Les mouvements juvéniles des années soixante et soixante-dix ont d'ailleurs eu une fonction analogue. La « contestation » ne s'est pas contentée de rejeter la vision établie et accréditée de la société, elle a également créé une organisation culturelle alternative qui permet aux jeunes d'évoluer pour leur propre compte, sans dépendre du contrôle des anciens, et d'expérimenter, essayer, créer. La culture juvénile est donc envisagée non seulement en fonction de ses contenus, qui poursuivent leur évolution d'époque en époque, mais aussi en tant que système protecteur, telle une serre dans laquelle les nouvelles générations poussent de manière autonome, libres du poids du conditionnement social adulte. Par conséquent, elles acquièrent une originalité et une capacité de renouveau supérieures. Peu importe que les jeunes aient, comme les soixante-huitards, des projets d'avenir ou une vision utopique. Ou qu'ils passent leur temps en boîte ou à discuter, comme c'est le cas des enfants des années 1990. Le fait qu'ils grandissent à part et soient conscients de leur démarcation, orgueilleux de leur différence et de leur originalité, les projette en partie en dehors de la tradition, et fait d'eux des rebelles.

J'ai dit « en partie ». Car l'adolescent n'appartient pas seulement à l'internationale juvénile. Il est citoyen du monde tout en étant enraciné dans son pays, sa ville, son quartier. Certains chefs ou *leaders* auxquels il se réfère sont les mêmes dans le monde entier : lorsque Michael Jackson fait une tournée, il obtient le même succès à Monbasa, à Rome, ou à Minsk. D'autres sont locaux. Dans chaque pays il y a des chanteurs, des acteurs, des groupes musicaux qui ont un horizon plus limité. Mais ils sont tout autant aimés des jeunes, et colportent des messages et des valeurs souvent radicalement différents de ceux qui dominent au niveau mondial. Les jeunes ne sont pas une unité mais une multiplicité, et chacun d'entre eux ne représente pas quelque chose de fini mais une pluralité de possibilités. Dans le monde juvénile italien il y a les adeptes de la musique de Mark Owen et ceux qui préfèrent celle de Claudio Baglioni. Mais les uns et les autres, à un certain moment de leur vie, peuvent se reconnaître dans la musique mélodique et traditionnelle de Lucio Battisti. Il y a ensuite des courants culturels qui traversent verticalement l'ensemble de la société et forment un pont entre les générations. Luciano Pavarotti est l'un des symboles de ces courants musicaux. En effet — bien que la musique classique et le *bel canto* n'aient rien à voir avec les schémas musicaux typiques de l'adolescence — de nombreux jeunes du monde entier viennent assister aux concerts de Pavarotti. À l'occasion du championnat du monde de football, la romance *Nessun dorma* tirée de *Turandot* de Giacomo Puccini, qui se termine par le fameux cri : *Vinceró ! All'alba vinceró*, est arrivée en tête des hit-parades.

Nous voici Rosa et moi devant la porte de la maison. Je mets la clef dans la serrure. « Tu étais en train de penser aux fans des Take That ? me demande ma femme. Quels phénomènes ! »

CHAPITRE III

Explorations

Je suis dans la bibliothèque de ma maison de Milan. Sans être luxueuse, elle est très accueillante. Ici, tout me procure un sentiment de tranquillité et de paix : étagères en bois de cerisier croulant sous les livres, moquette moelleuse, table entourée de petits fauteuils. C'est ma pièce préférée, notamment parce qu'il n'y a ni téléphone ni fax, et que l'on n'y entend même pas la sonnerie de la porte d'entrée. Les épais doubles vitrages sont très efficaces contre les bruits de la ville. C'est ici que je me réfugie pour écrire quand le temps presse. Mais aussi, comme c'est le cas aujourd'hui, pour analyser les derniers éléments de notre recherche. La table disparaît sous les papiers et les graphiques.

Thème de la réunion : la durée des amours adolescentes. Maître de cérémonie : Professeur Scramaglia. Ma femme et moi écoutons son introduction.

« Le coefficient de corrélation entre la durée de l'amour et l'âge, qui est de − 0,25, est hautement significatif.

— De grâce, intervient Rosa, assez de termes techniques ! Expliquez-moi en deux mots ce que cela veut dire.

— Que l'énamourement dure plus longtemps chez les enfants que chez les grands », dis-je.

Nullement troublée par l'obsession de mon épouse pour le langage simple, Madame Scramaglia précise : « 40 % des amours enfantines durent plus de deux ans, tandis que seulement 20 % des adolescents restent amoureux pendant aussi longtemps. La majorité d'entre eux disent être tombés amoureux moins de six mois auparavant.

— Mais ces données se réfèrent à l'amour qu'ils sont en train de vivre. Si celui-ci vient à peine de naître, leur réponse n'a rien d'étonnant, observe Rosa. J'aimerais savoir ce qui s'est passé en amont. Combien de temps par exemple a duré l'amour précédent ?

— Encore moins longtemps. Ce n'est que dans 15 % des cas qu'il a duré plus de deux ans.

— Et plus tard, qu'arrive-t-il aux étudiants de l'université ?

— 20 % d'entre eux vivent des amours de plus de deux ans. Nous pouvons donc résumer les choses ainsi : les enfants ont des amours longues et intenses, suivies d'une phase d'expériences amoureuses fréquentes et brèves. Par la suite, la durée de ces expériences se remet à augmenter. Tout le problème est de comprendre ce qui se passe pendant la phase intermédiaire, entre quatorze et seize ou dix-sept ans. Pourquoi tant d'amours brèves et instables ?

— Attention, dis-je, voici une autre information qui brouille les pistes. À nos étudiants de vingt et vingt et un ans, nous avons demandé : quand es-tu tombé amoureux pour la première fois ? Pour les filles, c'était entre quatorze et seize ans, et pour les garçons, entre quinze et dix-sept ans. Je pense que cette réponse s'explique aussi par le fait que c'est à cet âge-là qu'ils font le premier pas important vers leur autonomie émotionnelle et leur émancipation par rapport à la famille. Pour la première fois, l'enfant se sent capable de créer un nouveau pôle émotionnel et le germe d'une nouvelle unité familiale. C'est entre l'âge de quatorze et seize ans que toutes les sociétés primitives placent les rites d'initiation au monde adulte. Au terme de l'initiation, les deux jeunes gens peuvent se marier, commencer à vivre ensemble, avoir des enfants. La période des grandes amours pouvait être la même dans le passé. La Juliette de Shakespeare a quatorze ans lorsqu'elle tombe amoureuse de Roméo, Éloïse en a seize quand elle s'éprend d'Abélard, comme la reine Iseut de Tristan, comme la Scarlett d'*Autant en emporte le vent*. D'où le proverbe " on n'oublie jamais le premier amour ". Or qu'en est-il aujourd'hui ? Dans ce même intervalle où les universitaires disent avoir vécu leur premier amour, les adolescents ont des amours très brèves, qui durent quelques mois voire à peine quelques jours. Comme cela s'explique-t-il ?

« On ne peut le comprendre qu'en analysant l'énamourement. Nous tombons amoureux lorsque nous commençons à nous sentir prisonniers de nos vieux attachements. Nous sommes alors animés d'un grand élan vital qui nous incite à rechercher la nouveauté. Cette recherche se fait à travers des *explorations*. Mes travaux m'ont permis de constater que l'énamourement était précédé d'une phase d'agitation, faite d'insatisfaction et de recherche. On désire alors quelque chose de nouveau, on regarde autour de soi comme si on cherchait quelqu'un. On repense à son passé, on éprouve le besoin de revoir les personnes qu'on a aimées et qui nous ont aimé. En même temps on ressent une sorte de jalousie envers ceux qui vivent intensément et qui s'aiment, car ils nous semblent tous heureux. Tous sauf soi. À un moment donné on se sent attiré par un garçon ou une fille. Dès qu'il ou elle s'éloigne, on se met à penser à lui ou à elle. On a comme l'impression d'avoir perdu quelque chose. Cependant lorsqu'on revoit cette personne, on ne lui dit rien. Il peut aussi arriver que l'individu ait des toquades soudaines, qu'il fasse la cour à tous ou à toutes, qu'il se lance dans n'importe quelle aventure. À cet âge-là, de nombreux garçons et filles ont ce genre d'expériences. La force qui leur permettra de tomber amoureux est en train de naître en eux, mais ils ne sont pas encore prêts. Ou c'est la personne qu'ils ont rencontrée qui n'est pas encore prête. Ou encore ils se heurtent à mille autres obstacles internes et externes. C'est pourquoi le processus reste au niveau de l'*exploration.*

« On peut représenter le processus amoureux comme un parcours jalonné de nombreuses étapes, de nombreux approfondissements, du niveau le plus superficiel au niveau le plus profond. Le premier niveau, le plus simple, est la pure attirance que nous éprouvons pour une personne : elle nous plaît, nous la désirons ; rien de plus. Dans certains cas le désir est si intense que nous lui obéissons, nous laissant ainsi entraîner dans un rapport érotique occasionnel dont nous savons dès le départ qu'il ne durera pas : c'est l'*aventure.* D'autres fois le désir s'amplifie peu à peu et s'installe durablement, et la personne continue à occuper notre esprit : nous appellerons cela la *toquade.* Le désir peut s'intensifier encore davantage, devenir obsessionnel, jusqu'à atteindre un niveau de stabilité. Nous sommes parvenus à l'état de l'*engouement.* L'engouement ressemble beaucoup à l'énamourement, mais à la différence de celui-ci, il ne s'accompagne pas d'une profonde transformation intérieure, et c'est pourquoi il peut disparaître soudainement.

« Prenons le cas de Guido, rapporté par Tomaso Senise [1] : " L'année dernière j'ai traversé une mauvaise passe. Dans ma classe il y avait une fille très mignonne. J'ai pensé à elle pendant deux mois, jour et nuit, sans pouvoir me l'ôter de l'esprit. Je souffrais, j'étais mélancolique, désespéré. Un jour, je suis allé en boîte avec des amis et j'ai rencontré une autre fille et tout a changé d'un coup. Elle m'a plu, je lui ai plu, nous avons décidé de sortir ensemble. En l'espace de deux

1. Tomaso SENISE *et al., Psicoterapia breve di individuazione,* Milan, Feltrinelli, 1990, p. 135-136.

heures, l'autre m'est sortie de l'esprit. En pensant à elle je n'éprouvais plus rien. Elle n'avait plus aucune signification. Je me sentais libéré, léger, content. Je peux dire que ça m'a fichu un coup. Moi qui la draguais à mort, tout à coup elle ne signifiait plus rien pour moi, rien de rien, comme si je ne l'avais jamais connue. Je ne sais pas qu'en penser. "

— Comment définir l'amour de Guido ? Était-il vraiment tombé amoureux ? me demande Rosa, perplexe.

— Non, non. C'est une toquade superficielle, une exploration. Le désir a seulement identifié son objet sans l'avoir encore fixé, si bien qu'il peut en être facilement détourné. Guido éprouve un désir érotique qui, comme la curiosité, passe d'un objet à un autre. Étant donné qu'il n'a pas suffisamment mûri intérieurement, il n'est pas assez disponible pour tomber amoureux, et le lien reste très fragile. Au point qu'il risque d'être détruit au premier stimulant que recevra Guido.

— Mais cela n'arrive pas systématiquement, intervient-elle. Le processus amoureux pourrait aussi bien continuer, jusqu'à entraîner l'*état naissant*.

— C'est possible, mais pour que cela se passe ainsi il faut que l'individu se trouve dans une nouvelle situation. Qu'il soit en train de couper les ponts avec le passé, avec la communauté au sein de laquelle il a vécu et qui est devenue trop étroite à son goût, notamment parce qu'il se sent désormais étouffé par des liens qui l'avaient jusqu'à présent réconforté. C'est au cours de cette période qu'une impulsion intérieure l'incite à explorer le monde, à chercher de nouvelles voies. Mais les vieux liens le retiennent encore. Pendant longtemps il lutte contre ses désirs qui se font jour de manière inattendue, sous forme de colères, de mauvaise humeur, d'un sentiment de vide et de langueur. Il ne comprend pas pourquoi. Mais l'impulsion de grandir, de se renouveler continue de croître, jusqu'à un

certain seuil. Alors se produit une sorte d'explosion :
l'*eros*, l'envie de vivre et d'aimer, débordent et envahissent
les territoires interdits. Jusqu'alors réprimée, l'agressivité
se tourne contre les vieilles relations et les met sens dessus
dessous. L'état naissant est à la fois renaissance et révolte,
fin de l'ancien monde et apparition d'un nouveau monde.
C'est une expérience de libération, de plénitude de vie, de
bonheur, de force. C'est la délivrance d'une prison et
l'entrée dans un monde nouveau, qui paraît merveilleux.

— Ce que tu dis me fait penser à Filippo, intervient
Rosa. À la différence de Guido, chez Filippo le véritable
processus d'énamourement a déjà commencé, et l'état
naissant s'est déjà déclenché. Il a quinze ans, il est en
Seconde. Il est grand, robuste et sympathique, les traits de
son visage sont très masculins. C'est un blond aux yeux
marron, au sourire séduisant, qui fait plus vieux que son
âge. Il a eu des petites amies et des fiancées à la maternelle,
à l'école primaire, et une en Cinquième. Cependant les
sentiments qu'il éprouve pour Alessandra sont d'une autre
nature, il se sent " pris ", partie prenante, presque bouleversé. C'est une très belle blonde aux yeux bleus, grande et
maigre. Lorsqu'il l'a rencontrée au début de l'année scolaire, il a eu un coup de foudre. Ils se sont fréquentés pendant un certain temps parce qu'elle est la cousine d'un des
copains de Filippo. Au bout d'une vingtaine de jours ils se
sont " mis ensemble ". Il était très amoureux, il se sentait
au septième ciel, son cœur battait la chamade, il était sous
le charme, le seul fait de penser à elle provoquait en lui une
profonde émotion. Mais ne sachant pas comment se
comporter, il était aussi plein d'appréhension, parce que
avant elle il n'avait embrassé qu'une seule fille. Ses amis
lui conseillaient d'aller plus loin, mais cela le gênait. Par la
suite il l'a souvent embrassée et caressée, mais rien de plus.
Il a très envie de faire l'amour avec elle, mais n'ose pas. Il

se sent maladroit, il a peur qu'elle refuse. Après tout, ils se connaissent depuis peu de temps. Il pense sans arrêt à Alessandra. Il aimerait la déshabiller, la voir nue et lui faire l'amour, mais il a peur de tout gâcher en lui montrant son désir. Peut-être que lorsqu'ils se connaîtront mieux, il essaiera. Ils sortent souvent avec des amis, mais l'après-midi, ils s'isolent pour s'embrasser. Il ne pense pas à l'avenir, ne fait pas de projets : " Pour le mariage, on verra ", dit-il. En attendant il est heureux d'être avec elle. Il veut apprendre à la connaître. Il veut essayer d'être plus " homme ". Filippo s'appuie sur sa bande de copains avec qui il passe tout son temps. Mais Alessandra compte plus qu'eux. Peut-être qu'en devenant plus sûr de lui, il perdra sa timidité ; alors il aura des rapports sexuels avec sa petite amie et ils formeront un couple à l'intérieur du groupe. Si ça se trouve, leur amour durera très longtemps.

— Cette illustration peut nous aider à mieux comprendre le processus amoureux », intervient le professeur Scramaglia.

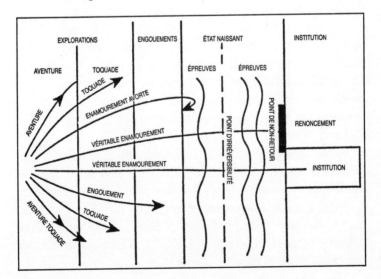

« Comme vous le voyez, le processus amoureux évolue de gauche à droite, et s'approfondit peu à peu. Nous trouvons d'abord l'aventure, puis la toquade, l'engouement et, enfin, l'état naissant.

— Mais l'état naissant ne suffit pas à créer un couple, professeur. Certes, dans l'état naissant les deux amoureux visent à la fusion, à la mise en commun de leur vie passée. Mais ils veulent aussi se réaliser pleinement eux-mêmes. C'est justement pour cela qu'a lieu le choc à l'intérieur de l'amour. C'est *la lutte avec l'ange*.

— La lutte avec l'ange, répète ma femme. Permettez-moi le luxe de me mettre à la place de l'étudiant qui veut tout comprendre : professeur, que signifie la lutte avec l'ange ?

— Comme tu le sais fort bien, chère étudiante, l'énamourement tend à la fusion de deux individus différents, qui conservent leur propre liberté et leur propre et indubitable spécificité. Nous voulons être aimés en tant qu'êtres uniques, extraordinaires et irremplaçables. Dans l'amour nous ne devons pas mettre de limites à notre être, mais les repousser. Nous ne devons pas rogner nos possibilités, mais les mener à leur accomplissement. La personne aimée nous intéresse aussi parce qu'elle est absolument différente et incomparable. Et elle doit rester ainsi, merveilleusement et souverainement libre. Nous sommes fascinés par ce qu'elle est, par tout ce qu'elle révèle d'elle-même.

« Pour que puisse naître un sentiment amoureux, cette différence est fondamentale. Mais, en même temps, ce sentiment vise à surmonter la différence, à fondre les deux amants, à en faire une entité collective unique, pourvue d'une volonté unique. C'est possible parce que l'état naissant nous rend plus souples, prêts à changer et à nous transformer pour plaire à l'autre.

« Parallèlement chacun développe une conception de soi et de l'autre, de tous deux, de leur propre destin. Et chacun exerce une pression sur l'autre pour qu'il se comporte comme il le voudrait, pour qu'il se conforme à l'idéal qu'il s'est créé. Dans l'énamourement on voit se vérifier le paradoxe que chacun, tout en voyant son aimé comme un être parfait, est aussi convaincu que, grâce à son aide, il deviendra plus parfait encore. Cela ne nous empêche pas d'exercer une pression sur lui, de le pousser à changer. Il peut se comporter de manière différente, nous résister, nous proposer d'autres voies possibles, imprévues, non voulues. Il a un autre rêve, un autre projet de vie qu'il désire réaliser plus intensément justement parce qu'il aime. Les rêves, les projets des deux amants peuvent pour cette raison diverger, se heurter. L'amour est donc aussi une lutte, mais à l'intérieur de l'amour lui-même. C'est la lutte avec l'ange.

— Les amoureux, si j'ai bien compris, peuvent se fondre, mais se découvrir ensuite différents. Ainsi chacun cherche à la fois à se conformer aux désirs de l'autre et à s'imposer à lui. C'est ainsi qu'ils changent et se forcent à changer. À la fin, si tout va bien, ils parviennent à un projet commun où convergent les idéaux auxquels chacun ne peut renoncer. La lutte avec l'ange se termine et on a alors le pacte, l'institution.

— Parfait, tu n'aurais pas pu l'exposer de façon plus claire. Mais maintenant écoutez-moi bien. Puisque le processus amoureux est fait d'autant d'étapes et d'autant de passages, on peut très bien s'attarder dans l'une ou l'autre des innombrables situations intermédiaires avant d'atteindre le statut institutionnel définitif. On peut s'arrêter à la première phase, aux premières explorations, ou aller un peu plus loin, jusqu'à la toquade ou l'engouement, sans poursuivre au-delà. Dans ces cas-là le couple reste fragile et ne dure pas. »

Et je poursuis : « La majorité des amours adolescentes restent au niveau de l'exploration. L'intérêt inattendu qui se développe alors ne s'accompagne cependant pas d'une transformation intérieure, et c'est pourquoi il s'éteint de lui-même peu après. Il arrive qu'une seule des deux personnes tombe amoureuse, tandis que pour l'autre ce n'est qu'une exploration. Il peut également s'agir d'un amour qui se déclare au cours des vacances et qui, une fois les vacances finies, a du mal à se poursuivre à cause de la séparation. D'autres fois l'amour s'arrête parce que l'un se rend compte que l'autre est trop différent de ce qu'il avait imaginé. Enfin les deux jeunes gens peuvent aussi tomber réellement amoureux, entrer dans l'état naissant, mais avoir des projets différents. La lutte avec l'ange se transforme alors en conflit irrémédiable.

— Je ne crois pas que les mécanismes de l'amour soient foncièrement différents à l'adolescence et à l'âge adulte, dit pensivement ma femme. Ils sont peut-être seulement plus accélérés, et les explorations plus fréquentes, fébriles, les changements plus rapides. Le désir de s'affirmer et de découvrir sa propre identité est indubitablement plus fort. Ce qui explique ces attirances rapides, ces toquades sans suite, et ces amours non partagées. Le fait que personne ne soit sûr de sa propre identité crée facilement des malentendus. Les deux jeunes peuvent avoir un développement divergent. De même qu'il arrive parfois que les grandes amours qui laissent de profondes blessures fassent elles aussi naufrage. »

CHAPITRE IV

Types humains, types amoureux

Je poursuis : « En parlant des adolescents, l'erreur que nous faisons communément est de les considérer comme une catégorie homogène. Or les résultats de notre recherche nous montrent que c'est loin d'être le cas, surtout dans le domaine de l'amour. Nous avons pu constater également que la durée de vie des jeunes couples est très brève. Cependant derrière les chiffres, qui ne représentent qu'une moyenne, se cachent à la fois des amours durables et des amours de quelques semaines ou quelques jours. Certains jeunes restent longtemps ensemble. D'autres se lancent continuellement dans de nouvelles relations. D'autres encore n'ont même pas le courage d'en entamer.

« En étudiant l'ensemble des entretiens, nous avons donc identifié quatre grandes catégories d'adolescents. La *première* est formée de ceux qui, dès l'enfance, éprouvent des sentiments intenses : ils ont un fort sens de l'amitié, une passion pour les stars, ils ressentent le besoin d'aimer et d'être aimés, ils tombent passionnément amoureux.

« La *deuxième* catégorie est constituée de ceux pour qui l'aspect affectif, sentimental et passionnel compte peu, quelle que soit la forme sous laquelle il se manifeste. Il leur arrive d'avoir des copains, un petit ami ou une petite amie, de faire partie d'un groupe, mais ils ne vivent pas ces expériences avec la même intensité que les premiers.

Pour eux d'autres intérêts priment : les études, l'indépendance, les hobbies, l'amusement, le travail, la carrière.

« Dans la *troisième* catégorie on trouve les adolescents faisant partie d'un groupe, qui tient lieu de carapace protectrice. Au sein de ce groupe ils se mettent continuellement à l'épreuve les uns les autres, mais se sentent protégés et aidés. Ceux-là ont du mal à tomber amoureux. D'ordinaire ils refusent de se laisser entraîner dans un rapport de couple intense et contraignant. Ils changent sans arrêt de partenaire. Ils se consacrent aux conquêtes et à la séduction, dans le seul but d'acquérir crédit et prestige aux yeux de leur petite tribu.

« La *quatrième* catégorie regroupe les garçons et les filles capables de sentiments profonds et délicats mais qui, pour les raisons les plus variées, sont incapables de les exprimer. Souvent ils sont tombés amoureux sans avoir été aimés en retour. Cela est fréquent dans la phase prépubère, lorsque les jeunes filles rêvent de stars ou sont attirées par les garçons plus âgés. Les adolescents de cette catégorie s'épanouissent tardivement et sont alors capables d'un amour intense et durable.

Un amour pour chaque époque de la vie

« Le cas de Mara illustre bien la première catégorie, intervient Madame Scramaglia. Mara est une jeune fille élancée de seize ans, avec un visage rond parsemé de taches de rousseur, des cheveux noirs très courts, d'innombrables boucles d'oreilles, et des yeux clairs et doux. Elle est très sûre d'elle.

« Mara m'a expliqué que son âge " est un âge vraiment difficile ". Trop de changements ont lieu tous en même temps. À commencer par l'école, et les amours dont elle ignorait tout auparavant. Les amitiés changent aussi, ainsi que les discussions avec les amis. Et celui qui ne sait pas accepter les autres " aura du mal à être en paix avec lui-même ".

« Mara trouve sa famille trop oppressante, elle qui a tant besoin d'intimité. Elle aimerait parler d'elle et de ses problèmes seulement quand elle en a envie, et non pas selon le bon vouloir de ses proches. Ils veulent toujours tout savoir : ce qu'elle a fait, ce qui s'est passé, où elle était. " Si je ne leur dis pas tout tout de suite, ils deviennent fous. " Ils ne lui font pas confiance, ils enquêtent derrière son dos. Ils sont même allés jusqu'à demander aux amis de Mara si elle sortait vraiment avec eux. Mara l'a appris et s'est mise en colère. Elle a envie d'un rapport fondé sur la confiance, ne serait-ce que parce qu'elle-même ne ment jamais. " Je dis les choses comme elles sont. Si je dis que je suis sortie avec mes amis, c'est vrai. Un point c'est tout. "

« Mara se souvient très bien de son passé et accepte avec enthousiasme d'en parler. Abandonnant le ton polémique, elle ébauche un sourire. Ses yeux brillent, sa voix se fait douce et vibrante. Elle me raconte un épisode dont elle se souvient " même si ça n'était pas grand-chose ". À la maternelle il y avait un garçon de trois ans qui s'appelait David. Tous les matins, grâce à David, Mara trouvait du papier et des feutres sur sa table, et sa poupée de chiffon préférée sur son siège. À l'école ils devaient mettre le couvert par roulement, et quand c'était au tour de Mara, David l'aidait toujours. Les maîtresses avaient beau essayer de l'en empêcher, quand c'était à lui de mettre le couvert, David posait à la place de Mara sa poupée. Mara se souvient parfaitement de tout ce qu'ils faisaient ensemble. Dans le jardin, il la poussait sur la balançoire. Un jour il avait cueilli des marguerites et lui avait offert un petit bouquet.

« Leur histoire a duré pendant les trois années de

maternelle. La dernière année, il guidait sa main pour dessiner, et l'aidait aussi à colorier, parce qu'il était très doué.

« Après la maternelle, ils sont entrés chacun dans une école primaire différente et se sont perdus de vue. Elle n'a pas l'impression d'avoir souffert de son absence. Cependant elle se souvient que le premier jour d'école primaire, quand sa maman l'a accompagnée dans la classe, elle a regardé ses camarades et s'est aperçue que David n'était pas là. Elle s'est tournée vers sa mère et lui a dit : " Mais David n'est pas là ! " " Ses parents l'ont mis dans une autre école ", lui a répondu sa mère. Mara ne voulait pas y croire. Il n'y avait pas sa poupée sur son banc. Elle s'est mise à hurler : " Je ne veux pas rester dans cette école ! " mais sa mère a réussi à la calmer.

« Au CP, pendant la récréation, elle a rencontré Roberto qui était en CE1. Mara montait sur la balançoire et il la poussait. Les religieuses essayaient de les séparer en prétextant qu'un garçon et une fille ne devaient pas jouer ensemble. Mais ils ne leur prêtaient pas attention. Au contraire, ils en rajoutaient. Le visage radieux, Mara me dit : " Justement parce que les sœurs nous interdisaient d'être ensemble, on est devenus inséparables. " Ils s'aimaient beaucoup, Roberto et elle. En CM1, Mara prenait des leçons de piano à l'école. Roberto l'attendait dans le couloir, et ils rentraient ensemble à la maison. En mai, pour son anniversaire, Roberto lui a offert une poupée portant l'inscription *I love you*.

« L'année suivante, alors qu'il était déjà au collège, Roberto a continué à la raccompagner chez elle. Il assistait aussi à ses cours de danse. Mara affirme que sa relation avec Roberto est peut-être son plus beau souvenir d'enfance.

« L'année suivante, Mara est entrée dans le même collège que Roberto. Mais pendant l'été, il " s'était mis à avoir de mauvaises fréquentations ". Ses nouveaux amis

" avaient une mauvaise influence sur lui ". Roberto a commencé à se détacher d'elle et à la trouver trop jeune. Cela a été dur pour Mara, mais elle s'est dit qu'étant donné les nouvelles fréquentations de Roberto, c'était peut-être mieux ainsi.

« À douze ans, elle " devient folle " des Take That. Elle achète des tonnes de tee-shirts, disques, posters. Elle contamine sa sœur et la convainc de l'accompagner à un concert des Take That. À partir de dix heures du matin, elles se campent devant les grilles. Mais quand " ils sont là devant son nez ", elle est tellement émue qu'elle n'arrive même pas à chanter. Elle était vraiment " complètement folle ". Et cela a duré jusqu'à ses quatorze ans, jusqu'à ce qu'elle rencontre Franco, son premier petit ami. Jusque-là, il s'était abstenu de tout commentaire à propos de son obsession pour les Take That. Mais un jour il n'y tint plus et lui dit qu'il avait l'impression d'être avec une petite fille de deux ans. Elle ne céda pas et ils se disputèrent. Cela fait partie " de son caractère. Quand une chose me plaît je ne cède pas, je suis têtue ".

« Son histoire avec Franco se termine au bout de deux ans et demi, et les familles s'en mêlent. Aujourd'hui, Mara pense qu'elle n'aurait pas dû leur parler de Franco, " parce qu'on aurait dit que c'était leur histoire et non pas la sienne ". Dans la famille de Franco, c'est la même chose : la mère pense que Mara perturbe son fils. Finalement Mara décide de le quitter. Évidemment Franco le prend mal, mais lorsqu'ils en parlent par la suite, Franco admet que depuis deux ans et demi, " ils se sont éloignés ". La séparation était la meilleure solution.

« Quand son histoire avec Franco s'est terminée, tous leurs camarades de classe ont été surpris et déçus. Aux yeux de tous ils étaient un couple idéal. Une de ses copines lui a dit sérieusement qu'ils servaient d'exemple et de modèle à toute l'école, et que maintenant qu'ils avaient rompu, tout le monde avait cessé de croire en l'amour éternel.

« En essayant d'aller plus loin dans l'analyse de leur séparation, Mara dit qu'au moment de leur rencontre ils étaient " vraiment égaux ". Puis ils ont pris chacun une voie différente. Au début dans leur couple, c'était elle la plus folle, elle qui avait tout le temps envie de rire, de jouer, de sortir. Par la suite, elle s'est beaucoup calmée alors que lui est devenu de plus en plus attiré par des comportements de transgression. Il s'est mis à tout faire de manière compulsive, et ses réactions sont devenues violentes. Malgré tout, Franco " l'a toujours aimée, l'a toujours placée sur un piédestal ". Au début elle avait " un béguin fou pour lui parce que c'était son premier grand amour ". Mais dans les derniers mois son point de vue a changé. " Le problème, dit-elle, c'est que je me suis mise à regarder les autres garçons. " Quand elle s'en est rendu compte, elle a compris qu'elle n'était plus si bien avec lui. Et qu'en définitive l'obstacle prétendu créé par les familles n'était probablement qu'une excuse. " Si j'avais continué à l'aimer très fort j'aurais tenu le coup, mais évidemment ça n'était plus comme avant. " Elle conclut : " On a changé trop vite tous les deux, et on n'a pas réussi à s'y habituer. On a commencé à s'engueuler parce que l'un voulait aller au cinéma et l'autre préférait aller danser. En réalité, ces disputes cachaient un changement radical. " Mara observe qu'au début on ne s'aperçoit pas des défauts de l'amoureux, quand bien même on nous les fait remarquer. Puis " petit à petit, une fois l'amour profond passé ", le moindre geste de l'aimé peut altérer notre vision de lui.

« En pleine crise avec Franco, Mara rencontre Giulio, son petit ami actuel. Elle retrouve immédiatement en lui le Franco d'autrefois. Giulio a vingt-trois ans, sept ans de plus qu'elle. Elle a redécouvert avec lui la même tranquillité qu'avec Franco au début. Ils se connaissent depuis un an et trois mois. D'abord simplement amis, ils ont eu " une étincelle, et sont devenus inséparables parce qu'ils sont le miroir l'un de l'autre. Ça peut paraître bizarre, mais j'ai l'impression que Giulio est mon âme jumelle ". Quand ils se regardent dans les yeux, il sait exactement à quoi elle pense, et vice versa. Ils ont les mêmes comportements, les mêmes opinions.

« Depuis sa rencontre avec Giulio, Mara a changé. Avant, elle se fichait du regard des autres. Elle ne s'habillait qu'en jeans et baskets. Maintenant elle a maigri de dix kilos, elle porte des chaussures à talons, elle a ajouté des jupes à sa garde-robe, et a pris l'habitude de se maquiller pour donner une meilleure image d'elle-même. Le soir, avant qu'ils se retrouvent, Giulio lui téléphone et lui demande de porter tel vêtement, et elle le fait. Si ses copains précédents avaient agi ainsi, elle se serait sentie " tyrannisée ", et aurait refusé. Parce que, m'explique-t-elle, " à l'époque j'étais en train de changer et de grandir et je voulais paraître telle que j'étais ".

« Son avenir, elle l'imagine loin d'Italie. Elle voudrait aller à l'université en Amérique, et devenir quelqu'un d'important pour pouvoir aider les autres, et avoir du succès. Malgré son travail, Giulio est prêt à l'accompagner, notamment parce qu'il a de la famille en Amérique.

« Arrivée à ce point de son récit, Mara se tait, réfléchit et ajoute : " Si tout va bien entre nous, c'est peut-être parce qu'on habite loin l'un de l'autre. " Quand ils se retrouvent, ils ne pensent qu'à être ensemble, ils profitent de chaque minute, savourent chaque heure. Ils ne pensent pas au lendemain ni à leur séparation. Ils existent seulement l'un pour l'autre. Ils se souviennent de tout ce qu'ils ont fait ensemble. Quand il n'est pas là, même s'il lui manque, elle ne souffre pas parce qu'elle est sûre de le revoir. »

Madame Scramaglia a fini son récit. Elle me regarde en attendant mes commentaires. Je réfléchis.

Ma femme me presse, complice : « Alors, qu'en penses-tu ?

— Mara a vécu plusieurs amours complets, tous adaptés à son âge, tous coïncidant avec de grands changements dans sa vie. Elle a eu son premier amour à la maternelle. Le second a commencé au cours préparatoire et a duré jusqu'en CM2. Il a cessé quand Roberto, alors en Cinquième, a commencé à fréquenter son groupe d'amis. À douze ans, Mara a eu une phase d'engouement pour les Take That. À treize ans elle est tombée amoureuse d'un garçon de son âge, avec lequel elle a formé, pendant deux ans et demi, un couple harmonieux, exemplaire, à tel point qu'ils étaient un modèle pour leur école. Cependant elle a continué d'agir de manière égocentrique. Par exemple, elle a imposé à son compagnon une musique qu'il n'appréciait pas. Elle n'admettait pas de devoir changer par amour. Elle voulait s'affirmer elle-même, affirmer son identité. Cet amour s'est terminé, parce que leurs évolutions différentes les ont séparés. Mara était prête à faire le grand saut, mais pas Franco. En effet, à quinze ans, Mara s'éprend d'un jeune homme de vingt-trois ans : c'est un homme. Cette fois elle tombe véritablement amoureuse. Tous les symptômes sont réunis. Malgré leur différence d'âge et de mentalité, ils se sentent égaux, telles deux âmes jumelles. Mara qui était auparavant têtue et refusait de céder du terrain, est maintenant prête à changer, à se transformer, pour plaire à son aimé. Enfin, ils sont en train d'élaborer ensemble un projet de vie future. »

Un garçon tranquille

« Mais c'est Mara qui mène la danse, intervient ma femme d'un air amusé. Bien sûr qu'ils le réaliseront ensemble, ce projet de vie future, mais je suis prête à parier ce que tu veux, même ma main droite comme Mucius Scaevola [1], que ce projet sera toujours celui de Mara. Je vais maintenant vous raconter l'histoire d'un garçon tranquille, un garçon que beaucoup de parents aimeraient avoir pour fils. Il s'appelle Fabio et il a dix-sept ans. Il n'a pas encore eu de passion ni d'amitié sérieuse dans sa vie. C'est un blond fluet aux grands yeux noisette et à la peau claire, imberbe. Son regard est intelligent et vif, il s'exprime bien, il est maître de lui-même. Son sourire jovial inspire confiance et sympathie. Bref, Fabio est l'image du garçon comme il faut. En plus, c'est un bon élève. Il ne pose aucun problème à sa famille, passe son temps libre devant l'ordinateur, domaine où il excelle. Cette habileté suscite l'admiration de ses camarades.

« Fabio ne connaît ni les passions tumultueuses ni les grands conflits. C'est un garçon très équilibré qui ne se souvient pas avoir subi passages ou changements brutaux. En grandissant, il a obtenu de plus en plus de liberté de sa famille, il se sent moins dépendant de son groupe d'amis et, tout doucement, il s'est forgé sa propre personnalité.

« Fabio a perdu son père quand il était encore petit. Sa mère n'était plus toute jeune quand il est né, si bien qu'aujourd'hui elle est assez âgée. Il n'a jamais pu lui parler de rien. Il a deux frères mariés d'une trentaine d'années, qui lui font office de père et avec lesquels il a du mal à échanger ne serait-ce que quelques mots sur sa vie affective. Il n'a pas non plus confiance en sa sœur aînée. Il a essayé de tenir un journal, mais a renoncé au bout de deux semaines.

« Il a peu d'amis et n'a même plus de meilleur ami. Il en a eu un jusqu'à l'année dernière : Giorgio. Fabio lui racon-

---

1. Héros romain légendaire des guerres étrusques qui, après avoir tenté d'assassiner Porsenna, se laissa brûler la main droite plutôt que de dénoncer ses complices. (N.d.T.)

tait tout. Mais quand Giorgio s'est mis à sortir avec une de leurs camarades, ils sont redevenus simplement copains.

« Fabio n'a jamais éprouvé une passion pour une star, homme ou femme. D'ailleurs selon lui, les stars ne peuvent pas être plus que des modèles lointains. Fabio n'est pas particulièrement sportif, il essaye de prendre exemple un peu sur tout le monde.

« Il n'a aucun souvenir de l'école maternelle. Il se rappelle quelques copains de l'école primaire. Pendant les trois premières années, il passait de l'un à l'autre. En CE1, il y avait aussi une petite fille avec qui il s'entendait bien. Pour autant il serait bien incapable de dire comment et quand il l'a connue, et combien de temps cette histoire a duré. Il lui écrivait des mots doux, et lui avait même offert un porte-clefs. Elle se fichait éperdument de lui, mais à la longue il a réussi à s'en faire une copine, même si ça n'a pas duré longtemps.

« Au collège, en Cinquième et Quatrième, il a eu plusieurs amies et quelques amourettes. Ce n'était pas de simples amitiés, non, " c'était différent ", mais il n'y accordait pas plus d'importance que ça. Quelquefois il retrouvait ces filles en dehors de l'école, sans en parler à personne. Et puis ça s'est arrêté à son entrée au lycée. Depuis il n'a que des copains. Les histoires avec les filles, il les garde pour les vacances.

« L'année dernière, par exemple, il en a connu une, il était bien avec elle. C'était plus que l'historiette habituelle : ils étaient amis, mais se sentaient liés par quelque chose de plus intense. Après les vacances, ils ont continué à se voir quelque temps. Mais elle n'était pas de Milan et ça a fini par s'arrêter. Pour l'instant Fabio n'a personne. De toute manière, quand il a une copine, ce n'est jamais une grande expérience parce que dès le début, Fabio sait pertinemment que ce n'est pas " celle qu'il épousera ". Il a une vision à court terme.

« Fabio n'a pas de problème de communication, mais en ce moment il a une drôle d'impression : c'est comme si le monde de ses amis et celui des adultes étaient séparés. Lui-même, qui n'a pourtant pas changé, ne se comporte pas de la même manière avec ses amis et avec les adultes. Il n'a pas le sentiment d'avoir quoi que ce soit à se reprocher avec ses amis, mais il faut reconnaître qu'ils font des gamineries dont il n'oserait pas parler à un adulte, tellement elles sont insensées !

« Toute valeur lui semble acceptable, que ce soit l'école, la télévision, la famille, les amis. Il les passe au crible, puis les sélectionne. Dans ses goûts et sa manière de s'habiller, il subit autant l'influence de sa famille que celle de ses amis. Quand il était plus petit ses amis l'influençaient davantage, et pourtant sa mère ne le perdait pas des yeux. À l'école primaire, il préférait s'habiller de manière pratique, en salopette par exemple, pour pouvoir jouer. Au collège, il a commencé à s'habiller comme ses camarades, à les imiter. C'est entre la Quatrième et la Seconde qu'il a le plus subi leur ascendant. Il était attentif à la marque de leurs vêtements et à tout ce qu'ils faisaient. Depuis la Première, il a changé. Il a cessé d'imiter les autres, pour mieux construire sa propre personnalité.

« Actuellement, il a les idées claires sur son avenir scolaire. Mais pas sur l'amour. Bien entendu, il voudrait fonder une famille plus tard, mais pour l'instant il pense aux études. Il restera avec sa mère jusqu'à sa maîtrise. Ensuite il voudrait faire comme ses frères et avoir son propre appartement.

« Ses camarades sont comme lui, ils ne cherchent pas à avoir une petite amie pour construire du sérieux. Il n'y a que son ami Giorgio qui ait une copine depuis quelques mois, mais ils ne font pas de projets d'avenir ensemble. Il est heureux avec elle, et pourtant elle l'a changé, il est devenu trop " dépendant " d'elle. Toutefois Fabio est convaincu que leur relation a des chances de durer, parce qu'elle a commencé par l'amitié.

« Fabio passe habituellement ses vacances dans un petit village, où il rencontre des gens de son âge différents de lui et de ses camarades de la ville. Il les trouve " beaucoup plus en avance ", sans pouvoir expliquer exactement à quel niveau. »

Groupe et compétition

« Je vais vous parler de Nicoletta, qui est aussi différente de Mara que de Fabio. Mara tombe amoureuse à chaque étape de sa jeune vie. Ses amours suivent son évolution. Fabio, lui, ne s'intéresse ni à l'amour ni à l'érotisme. Nicoletta en revanche a une vie érotique et amoureuse mue exclusivement par des mécanismes que le professeur nomme la *désignation* et la *perte* [1]. C'est-à-dire qu'elle désire un garçon admiré par d'autres *(désignation)* et seulement jusqu'à ce que celui-ci la désire à son tour *(perte)*. Dès qu'elle l'a séduit, il ne l'intéresse plus. En outre, ce type de comportement se manifeste exclusivement à l'intérieur d'un groupe.

« Nicoletta a seize ans, elle est grande, svelte et très désinvolte. Ses cheveux châtains, lisses et courts, sont bien coupés. De ses mains habiles et vives, elle essaye sans succès de glisser ses mèches rebelles derrière ses oreilles. Ses yeux sont grands et noirs, extrêmement vifs, et son visage hâlé. Elle s'habille décontracté, se déplace en ville sur un cyclomoteur, parle vite tout en mâchant des caramels, et sans se préoccuper de syntaxe. Ses phrases souvent

---

1. Voir Francesco ALBERONI, *Je t'aime, tout sur la passion amoureuse*, trad. Cl. Ligé, Paris, Plon, 1997, p. 52-58.

inachevées se succèdent vertigineusement, pleines d'expressions colorées et argotiques. Pour un adulte, ce n'est pas une mince affaire de déchiffrer son langage. Mais sa vitalité, son sourire enjôleur et son regard spontané et sincère, font d'elle une jeune fille sympathique et de compagnie agréable, qui appelle un chat un chat.

« Les journées de Nicoletta ressemblent à celles de tous les lycéens. Le matin elle va en cours. En rentrant chez elle elle déjeune, regarde la télévision, travaille. Elle sort entre dix-huit et dix-neuf heures trente, et fait le tour des places du quartier pour dire bonjour à tous ses amis. À dix-neuf heures quarante-cinq tapantes, elle rentre dîner. Puis elle regarde la télévision. Certains soirs elle sort jusqu'à minuit, minuit et demi au maximum. En revanche le samedi soir, elle a la permission de rentrer plus tard. Nicoletta adore le sport et en pratique plusieurs pendant la semaine, selon la saison. L'hiver, elle part trois weekends par mois à la montagne avec le ski-club, et passe le quatrième en ville avec ses amis milanais.

« Le soir elle va en boîte parce qu'elle adore danser, mais aussi parce qu'elle y retrouve ses amis. Le samedi soir, c'est là qu'ont lieu les choses importantes. Si on est là, dit Nicoletta, on peut les vivre en direct, les voir de ses propres yeux, sinon on doit tout se faire raconter le lendemain. On ne peut pas se parler en discothèque, mais ça n'empêche pas de rencontrer des gens, de les regarder, de dire bonjour à ses amis, de danser, d'embrasser les garçons. Nicoletta écoute de la musique sans arrêt, et passe des heures à chanter à tue-tête chez elle. Elle fait ses devoirs avec son baladeur sur les oreilles.

« Étant de nature expansive, elle n'a jamais eu de difficultés dans ses rapports avec les gens. C'est une fille qui se sent bien partout et avec tout le monde, y compris en famille. La séparation de ses parents ne lui pose pas de problèmes. Depuis la Cinquième, elle tient un journal où elle note les faits marquants de sa journée. Elle permet à ses amies de le lire et le fait circuler en classe pour que tous ses copains puissent y jeter un œil et écrire ce qui leur passe par la tête. Mais quand sa mère ouvre son journal, " ça l'ennuie prodigieusement ".

« À la maternelle, elle se souvient d'un petit garçon qui lui plaisait. Il s'appelait Ferdinando et avait les yeux verts. En CE2, elle jouait au papa et à la maman avec un autre camarade.

« À la fin du CM1, elle a rencontré son premier " fiancé " pendant ses vacances au bord de la mer. Il habitait à Rome. Mais pendant qu'ils étaient ensemble, elle est tombée brusquement amoureuse de David, le fils d'un ami de son père, un garçon plus âgé qu'elle et qu'elle connaissait depuis toujours. Elle a quitté son fiancé pour pouvoir " courir après David ", à qui elle n'a pourtant jamais osé dire qu'elle l'aimait.

« À partir de la Quatrième, elle a juste envie de séduire les garçons pour une soirée, de se faire courtiser, de pouvoir les embrasser en discothèque et c'est tout. Sa vraie vie se déroule entièrement au sein du groupe de ses amis, qui ont beaucoup d'influence sur elle. D'ailleurs, elle a beau être au lycée maintenant, ils continuent d'être importants. Mais au collège, c'était tout simplement impossible pour elle d'ignorer leurs jugements. À l'époque elle était de ceux " qui jasaient et critiquaient " les gens de leur âge, leur attitude et leur manière de s'habiller. Au collège où les filles étaient en plus grand nombre, Nicoletta et ses copines considéraient d'un mauvais œil celles qui sortaient avec beaucoup de garçons. Elles n'étaient pas plus indulgentes envers celles qui ne sortaient avec personne, ou qui n'étaient courtisées par personne. Elles se moquaient des filles qui restaient chez elles à travailler, et qu'on ne voyait nulle part. Une fois les cours finis, Nicoletta allait traîner avec son groupe devant les autres écoles à la recherche de garçons, parce que les rares spécimens de leur collège n'étaient pas assez mignons.

« Concernant les garçons, le critère de Nicoletta est avant tout la beauté. À condition qu'ils fassent le premier pas : ce n'est pas à elle de prendre l'initiative. Quand un garçon lui fait comprendre qu'elle lui plaît, alors elle " s'amuse " à le connaître, à le fréquenter, à lui tourner un peu autour, jusqu'à ce qu'elle réussisse à l'embrasser. Mais dès qu'elle a atteint son but, il ne l'intéresse plus. Elle se lasse, devient " méchante ", le maltraite et tombe immédiatement amoureuse d'un autre.

« Si un garçon lui plaît, tant qu'elle n'est pas sûre d'être aimée en retour, tant qu'il n'a pas fait le premier pas, elle n'arrive pas à se concentrer sur ses études, et n'a que des mauvaise notes. Mais quand enfin elle réussit à faire sa conquête et à devenir sa petite amie, alors tout rentre dans l'ordre. Cela dit, comme elle change sans arrêt de petit ami, sa vie scolaire ressemble à des montagnes russes.

« Quand elle sort avec un garçon, elle a besoin d'être avec ses amis pour se sentir à l'aise. Si au contraire elle est seule avec lui, elle n'arrive pas à exprimer ce qu'elle ressent et ça la paralyse. Elle n'arrive même pas à lui dire : je t'aime bien.

« Dans toutes ses histoires d'amour, la même séquence se répète. Quand elle rencontre un garçon, c'est son aspect physique qui l'attire, ainsi que l'envie d'être courtisée et aimée. Son but ? Lui arracher un baiser. Une fois cet objectif atteint, elle se rend compte que l'aspect physique ne suffit pas, et elle commence à le dévaloriser. Il ne l'intéresse plus. Il lui semble laid. En le regardant plus attentivement elle le voit autrement tout à coup, et découvre qu'elle n'aime pas certaines de ses facettes. C'est là qu'elle a un coup de foudre pour un autre, qui lui permet de rabaisser son copain et de prendre son élan vers le nouveau. Nicoletta dit elle-même qu'il s'agit d'un véritable " système de consommation ", qui lui convenait jusqu'à l'année dernière, mais qu'elle voudrait refréner à présent. Bien qu'elle soit très courtisée, elle a envie d'une histoire sérieuse.

« Naturellement, Nicoletta n'a jamais fait de projets d'avenir avec aucun de ses petits amis. Pour elle, il faut attendre d'avoir vingt ans pour commencer à penser au mariage. Ses seuls projets sérieux pour l'instant, ce sont les vacances, comme pour la plupart de ses amies. Dans son entourage, les couples qui durent quelques mois sont déjà une exception, alors les projets d'avenir, pas question !... Paradoxalement, ses amies qui vivent les passions les plus intenses et les plus longues sont justement celles dont l'amour n'est pas partagé. Par exemple depuis trois ans, une de ses amies est très amoureuse d'un garçon qu'elle connaît à peine, et dont elle ne parle même pas à Nicoletta. Cette fille fait tout pour lui. Elle est prête à n'importe quoi pour lui plaire, mais seulement parce qu'il l'ignore.

— Notre recherche quantitative nous a permis d'arriver aux mêmes conclusions, dis-je. Tant qu'elles sont seules et ne sont pas aimées en retour, les filles se font une idée plus passionnelle de l'amour. En revanche, dès qu'elles ont un petit ami dont elles sont sûres, elles lui trouvent beaucoup de défauts et cherchent à provoquer le conflit. En tout état de cause, leur passion s'effrite. Nous pouvons donc en déduire qu'elles sont entre autres motivées par un désir de conquête et d'affirmation. Nous avons appelé cela un *pseudo-énamourement compétitif*[1], dont la caractéristique est de disparaître une fois l'objectif atteint. Chez Nicoletta, ce processus est particulièrement intense.

1. Francesco ALBERONI, *Je t'aime, tout sur la passion amoureuse*, trad. Cl. Ligé, Paris, Plon, 1997, p. 96-98.

— Il est vrai, professeur, qu'on le remarque dans le cas de son rapport avec Silvio. En Quatrième tous les deux, Silvio et Nicoletta sortaient ensemble depuis deux semaines quand, peu avant la Saint-Valentin, il l'a quittée. Se rendant compte qu'elle était éperdument amoureuse, elle n'a pas voulu abandonner la partie et a réussi à le reconquérir avant la fin de l'année scolaire. Mais Silvio a interrompu leur relation sous prétexte que c'était la période des examens. Nicoletta a attendu le début de l'année scolaire suivante et, en peu de temps, elle a réussi à le convaincre de ressortir avec elle. Parvenue à ses fins, elle lui a annoncé qu'elle ne voulait plus être sa petite amie. Maintenant qu'elle " lui avait rendu la pareille, elle était satisfaite ". Silvio l'a mal pris, il a essayé de la séduire à nouveau, de lui donner envie de tout recommencer, mais elle n'a rien voulu savoir.

« Après Silvio, Nicoletta a eu beaucoup " d'amoureux d'un soir ", pour lesquels il lui arrivait d'éprouver un coup de foudre. En Première, elle aimait bien Nicola qui lui disait qu'elle était mignonne, mais ça n'est pas allé plus loin. Au bout d'un certain temps elle en a eu assez de le poursuivre. Alors elle a tourné la page, elle l'a " effacé de son esprit ". Elle a regardé autour d'elle, et a rencontré Elio. C'est le genre de garçon qui a eu plein de copines, sans jamais vouloir s'engager. Nicoletta pense beaucoup à lui en ce moment, elle espère le séduire, mais elle ignore encore s'il partage son amour.

« La vie de Nicoletta se déroule surtout à l'intérieur de son groupe. Le groupe compte plus que tout. L'été dernier, au bord de la mer, elle est tombée amoureuse d'un garçon de vingt-trois ans. Mais au retour de vacances, elle l'a quitté parce que c'était " impensable qu'il puisse fréquenter ses amis ". Et elle n'avait aucune intention de sortir seule avec lui. Elle n'arrive pas à s'amuser sans les autres. Elle explique qu'avant la Quatrième, il n'y avait pas de groupe bien défini. Les groupes se formaient au gré des circonstances. Puis ils sont devenus stables, et à partir de là tous les petits amis qu'elle a eus faisaient partie soit de son groupe, soit d'un autre où elle pouvait entrer et s'amuser.

« Selon Nicoletta, on peut classer les jeunes d'aujourd'hui en différentes catégories. Il y a ceux qui ne sont liés à aucun groupe et ont des histoires de couple. Ce sont des isolés, qui ne comptent pas pour ses amis et pour elle. Nicoletta ne s'intéresse qu'aux garçons de la bande, même s'ils ne veulent que s'amuser avec les filles. Ils les embrassent un soir en boîte et ça s'arrête là.

« Est-il besoin de le dire, parmi " les garçons du groupe ", ceux que préfère Nicoletta, ce sont les plus craquants. Elle fait tout pour se mettre en avant. Bien sûr elle sait que même s'ils ont l'air d'aimer les filles faciles, celles qu'on peut draguer, en réalité ils préfèrent les filles sérieuses. De toute manière la condition déterminante est toujours la même : elles doivent faire partie du groupe, sinon rien.

« " Dans le groupe, poursuit Nicoletta, la réputation que tu te fais a beaucoup d'importance. Avant même de connaître une fille, les garçons de la bande savent si c'est une proie difficile, ou si elle a déjà eu plusieurs relations. Si c'est une proie difficile, par exemple parce que quelqu'un 'flashe' sur elle, alors tous les garçons se sentent stimulés et veulent essayer de la séduire. Celui qui réussit se vante de son succès auprès des autres. Et si par exemple une fille plaît à un garçon de la bande, mais que ses copains lui disent qu'elle est moche, alors il finira par se laisser influencer et par la quitter. "

« Pour Nicoletta, le groupe est une tribu, une communauté, un peuple. Ceux qui n'en font pas partie ne l'intéressent pas, elle les méprise. Au sein du groupe l'amour de couple n'a pas sa place, aussi est-ce une sorte de communisme érotique compétitif qui est en vigueur. Tous font la cour à tous, et plus on accumule les conquêtes, plus on est auréolé de prestige. La difficulté de la conquête a son importance. Les plus beaux et les plus belles ont une position privilégiée, ainsi que les stars locales. Ce sont eux les plus convoités, les plus désirés. Le rêve des filles est de séduire une de leurs idoles, de l'arracher à une rivale plus belle, et de le garder le plus longtemps possible. Le rêve des garçons est de séduire la petite amie d'une de leurs idoles. On peut avoir l'impression que les tribus adolescentes ont des comportements nouveaux. En réalité on les retrouve au sein de tous les groupes qui fonctionnent en circuit fermé et passent leur temps à se divertir, comme c'était jadis le cas dans les cours. Deux œuvres célèbres du patrimoine français, l'une du XVIIe et l'autre du XVIIIe siècle, en font une excellente description : *La Princesse de Clèves* de Madame de La Fayette, et *Les Liaisons dangereuses* de Choderlos de Laclos. »

Celui qui s'épanouit tardivement

Intervention de Rosa. « Je veux maintenant vous raconter l'histoire d'un adolescent qui m'a beaucoup amusée. C'est le fils d'une de mes amies. Quand je lui ai demandé s'il voulait bien me raconter ses amours, il m'a répondu : " Oui, volontiers. Mais je préfère l'écrire, ce sera plus simple. " Et c'est ce qu'il a fait. Il m'a envoyé la longue lettre que voici :

« Comment peut-on tomber amoureux à quatre ans, je l'ignore, mais c'est précisément à quatre ans que je suis tombé amoureux pour la première fois. L'amour m'arracha soudain à mon monde insouciant de petites voitures et de petites poupées. Elle s'appelait Selina. Je ne me souviens presque plus d'elle. Je garde seulement l'image d'un jour où nous avons pris un bain chez elle. Peut-être que cela m'ôta un peu de mon insouciance ! Il se passa deux ans avant que je tombe de nouveau sous les flèches de Cupidon, et ce deuxième amour m'a laissé plus de souvenirs. Elle s'appelait Gaia, elle était vraiment très mignonne, même trop, ils la voulaient tous ! J'étais en CE1, elle était dans une autre classe tout en ayant mon âge. Après avoir longtemps hésité, je décidai d'agir dans le minibus qui nous ramenait à la maison. J'avais réussi à m'asseoir à côté d'elle. Je pris mon courage à deux mains, et en la regardant, je sortis de ma poche un paquet de chewing-gum et marmonnai quelque chose. Heureusement elle comprit que je voulais lui offrir un chewing-gum, et en prit un en me remerciant. Si j'avais suivi mon plan à la lettre, ma prochaine question aurait dû être : veux-tu m'épouser ? Vu l'insuccès de mon initiative, je renonçai.

« Puis mes parents me changèrent d'école, et peu de temps avant de m'en aller, je connus Cristina. Cristina, le dernier point d'appui avec mon ancien monde. Au cours des quelques mois qui nous séparaient de l'été, on prit nos goûters ensemble et on engraissa de concert. L'été arriva, l'été passa, et à la rentrée j'eus une surprise inattendue. Pendant les vacances, quelqu'un avait accéléré le processus de croissance de nos camarades féminines. Mon nouvel ami Umberto et moi, on éprouva une sensation quasiment indescriptible. À peu près celle d'un môme de Quatrième qui serait transféré directement dans une université féminine. Non que la chose nous ait déplu, mais le problème c'était qu'elles se disaient toutes follement amoureuses de Simon Le Bon ou de Miguel Bosé, qui avaient au moins vingt ans de plus que nous. Quoi qu'il en soit, je crois qu'on aurait tous été gênés de sortir avec une fille qui nous dépassait de cinquante centimètres. Alors puisque c'était ainsi, et que nos camarades de classe ne daignaient pas nous accorder un regard — la comparaison qu'elles faisaient entre leurs idoles et nous nous ôtait les mots de la bouche lorsqu'on les croisait —, de qui, nous garçons de onze ans, allait-on pouvoir tomber amoureux ? De Lamù, qui n'était pas un caramel, mais l'héroïne d'un dessin animé japonais. Lamù était grande, maigre, belle, avec de longs cheveux, et portait invariablement un excitant maillot de bain deux-pièces tigré. Et en plus, elle savait voler ! En somme, c'était la copine idéale pour des petits garçons. On était vraiment amoureux fous de Lamù, et on n'était pas les seuls. Dans les jardins publics, on ne parlait que de ça. On était tellement convaincus qu'elle nous semblait réelle. L'été passa et l'absence de télévision affaiblit notre amour. L'année suivante, Lamù n'existait plus. Elle fut remplacée par Creamy, son double. Creamy ne se distinguait que par ses cheveux violets et par le fait qu'elle était légèrement plus vêtue. Mais aucun de nous n'oubliera jamais l'épisode dans laquelle elle apparait seins nus ! On était à nouveau ce qui s'appelle fous amoureux : on collectionnait les albums d'images, les illustrés relatant ses aventures, et on passait des heures cloués devant la télévision.

« Au collège, la distance biologique entre garçons et filles s'était quelque peu atténuée. On passa le premier mois à s'installer et à prendre ses marques. Ce qui, dans les grandes lignes, peut se résumer ainsi : les garçons ici, et les filles là. On était un peu comme les Allemands et les

Italiens du Haut-Adige : même territoire, mais séparés. Le seul contact entre les deux groupes s'établissait grâce à nos initiatives maladroites : on leur faisait des plaisanteries et elles réagissaient. Mais les règles étaient strictes : la plaisanterie s'adressait à la fille qui nous plaisait et l'intensité de sa réaction était le baromètre de son amour.

« L'année suivante, suite à l'insuccès de leurs amours, les garçons de ma classe étaient tous dans la phase de " post-amour ". Par frustration et pour d'autres raisons obscures, on avait élu une fois pour toutes la plus belle fille de la classe, et toutes les autres n'étaient que des laiderons. Personnellement j'en pinçais pour Pamela, mais je ne pouvais pas risquer d'être exclu de la vie sociale en lui déclarant ma flamme. J'essayais de ne rien laisser paraître. Il m'arrivait de dire à celui qui était assis à côté de moi : " Je vais voir cette mocheté de Pamela pour lui demander de me prêter sa gomme. " En réalité, je tentais d'entamer le dialogue. " Salut, Pamela, ça te dirait de venir au cinéma avec moi ce soir ? " " Oui ! " " Youpi ! Mais, je t'en prie, ne dis rien à personne. " " Et pourquoi ? " Comment lui expliquer que si mes amis m'avaient surpris, ils se seraient moqués de moi pour le reste de ma vie ? Alors j'inventais des phrases de ce genre : un jour tu comprendras. Puis je découvris que j'étais loin d'être le seul à vouloir échapper à la dictature du groupe. Au cinéma on tomba en effet sur Claudio et Giuliana, dans la rue on croisa Enrico et Stefania, et bien d'autres encore.

« En Troisième, à quinze ans, je rencontrai une fille qui me plaisait vraiment beaucoup, mais qui me semblait absolument réfractaire à l'amour. Or, dès qu'elle entra en Seconde, elle se fiança à un garçon de dix-huit ans. En regardant autour de moi je m'aperçus que presque toutes les filles de ma classe s'étaient soudain fiancées à des garçons de Terminale. Oh non ! Ça recommence comme au collège ! Non ! On était tous logés à la même enseigne : aucune chance [1] ! Cette année-là et celle qui suivit, je lus beaucoup de livres, je dînai souvent avec mes amis, j'allai en boîte, et en ressortis dare-dare. Qu'est-ce que tu vas faire en boîte ? Regarder les garçons plus vieux que toi qui font ce que tu voudrais faire toi-même ? Alors je me mis à voir beaucoup de films avec mon copain, je partis en vacances, sans cesser un instant de penser aux femmes, et pourtant Dieu sait qu'elles n'avaient plus depuis longtemps de forme réelle dans notre esprit. Quel changement depuis l'époque où le fait de " choper " une fille en discothèque, même si c'était pour danser trois minutes avec elle, nous faisait passer pour des héros, et nous valait d'être ensuite interrogés par les copains : alors raconte, raconte ! Désormais, nous étions passés en phase de dépression totale. Un jour au téléphone je dis à Giorgio : " Aujourd'hui Bianca m'a appelé pour me demander les devoirs. " Et lui : " Allez, raconte, raconte ! "

« J'ai dû attendre la fin de la Première pour que les choses évoluent. Effectivement ce printemps-là et surtout l'automne suivant, on remarqua que les filles de Seconde passaient un peu trop souvent devant notre classe. Il leur arrivait même d'entrer, ou de glousser lorsqu'elles nous croisaient dans les couloirs. Certaines, plus courageuses, osaient même des contacts du type : une de mes amies

---

1. Cette observation personnelle trouve une confirmation précieuse dans les données de la recherche Omnitel, dont on peut déduire que les garçons traversent une grave crise vers quinze ans. Une vingtaine d'indicateurs subissent un brusque effondrement, puis remontent légèrement. Il est probable que cette crise s'explique par le fait que les garçons, d'abord rejetés par leurs camarades entichées d'une star, sont rejetés une seconde fois en faveur d'un garçon plus âgé qu'eux.

voudrait savoir comment tu t'appelles. On n'accordait pas une importance particulière à la chose, souvent même on se moquait d'elles, de toute manière on ne comprenait plus rien. On finit tout de même par sympathiser. Alessia me plaisait particulièrement, même si nos jugements étaient un peu faussés par la période de calme plat que l'on traversait sentimentalement. Il ne s'agissait pas d'une grande amitié entre Alessia et moi, on se disait bonjour, parfois on parlait pendant la récréation, rien de plus.

« Un jour pourtant, elle me téléphona pour me demander des renseignements sur un de mes amis, pour une de ses amies. Le lendemain, je l'appelai à mon tour. De fil en aiguille on finit par se parler tous les jours. Elle m'attirait, mais doutant moi-même de mes sentiments, je ne fis rien pour le lui faire comprendre. J'espérais, c'est tout. Le jour où je compris qu'elle aussi était tombée amoureuse de moi, je me sentis enfin capable de l'aimer et de pouvoir l'aimer. La conscience d'être amoureux nous embarrassa profondément. Pendant une période heureusement assez brève, on s'évita involontairement à l'école. En revanche l'après-midi on passait des heures au téléphone. Sans se l'être jamais dit, on était tous les deux amoureux. Avouer son amour semble toujours une montagne infranchissable jusqu'à ce qu'on saute le pas, et qu'on s'aperçoive alors que ce n'était qu'une marche. Deux semaines passèrent et Alessia se réveilla en ayant la conviction qu'elle était en train d'escalader cette montagne. Au téléphone elle s'employa, d'abord de manière indirecte, à me faire avouer. Enfin elle finit par se lancer : " Est-ce qu'il y a une fille qui te plaît ? " Et peu après, je succombai.

« Une fois surmontées les difficultés avec Alessia, il ne me resta plus qu'à affronter le monde, et ma famille en particulier. Avec Alessia à mes côtés j'aurais pu affronter n'importe quoi, sauf eux. Mon père n'eut pas l'air particulièrement surpris, et fut heureux de la nouvelle. Quant à ma mère, elle aurait sans doute préféré que je lui dise : " Maman, je me suis fiancé... non, je plaisantais, la guerre thermonucléaire vient d'éclater. " Sans même la connaître, elle avait déjà pris Alessia en grippe et la décrivait comme un monstre, une semeuse de troubles, une mangeuse d'hommes. Elle me mettait en garde : " Cette année, ils vont te recaler ! " Au contraire, c'est cette année-là que j'obtins mes meilleurs résultats scolaires. Je reçus même les compliments de mon professeur de grec. Je connaissais cette enseignante depuis cinq ans, et c'était seulement la troisième fois que je l'entendais dire quelque chose de positif, et les deux autres fois elle avait parlé du temps. Seule ma mère ne se résignait pas, et revenait à la charge à la moindre occasion : " Tu es toujours dehors ", " Tu n'aides plus à la maison ", " Que vas-tu faire de ta vie si tu te mets dans un état pareil à cause d'une fille ? " Que faire ? Relever ses provocations ? Non, je choisis de laisser ses phrases se perdre dans le vide. Ainsi finit-elle avec le temps par accepter Alessia.

« Maintenant, heureusement, les moments de tension se sont faits plus rares, et quoi qu'il en soit j'ai compris que, lorsque tous les feux convergent vers moi, il suffit que je m'écarte de quelques pas. À eux de choisir s'ils veulent me suivre. Alessia et moi nous sommes toujours amoureux et nous vivons en symbiose. Je l'accompagne au lycée, je vais la chercher, nous passons nos vacances ensemble. Ce récit n'a pas de fin, il se perpétue en lui-même et dans l'expression qui nous vient le plus souvent aux lèvres : je t'aime. »

CHAPITRE V

Métamorphoses

Il est presque l'heure de dîner. La réunion est finie et nous sommes seuls, ma femme et moi. Je range mes papiers pendant que Rosa, contrairement à son habitude, reste assise dans son fauteuil. Elle regarde pensivement par la fenêtre et fume lentement une cigarette. Elle n'a pas l'air satisfait, je suis sûr que quelque chose la chiffonne. Je pose les papiers et m'assois près d'elle.

« Qu'est-ce qu'il y a ? Les résultats de la recherche ne t'ont pas convaincue, tu penses que quelque chose nous a échappé ?

— Ce n'est pas ça. Je ne doute pas de l'existence des types humains que nous avons mis en lumière avec nos quatre témoignages d'adolescents. Mais il nous reste un aspect de l'adolescence à approfondir, c'est la métamorphose physique et psychique, inscrite dans le code génétique, à laquelle est soumis l'adolescent, et qui lui souffle : grandis, évolue, élargis tes perspectives. Il ne s'agit que d'une image, pas d'une formulation scientifique, mais c'est l'expérience qui me la suggère.

— Je vois ce que tu veux dire, mais explique-toi mieux.

— Comme nous l'avons vu, les adolescents sont instables, changeants, parfois déconcertants. Au cours de l'adolescence, le corps, qui grandit de manière disharmonieuse, n'est pas seul à changer. Les enfants, eux, sont plus prévisibles, non seulement parce qu'ils nous ressemblent davantage, mais aussi parce qu'ils imitent notre façon d'être dans la vie et en particulier en amour. Toutes les petites filles imitent leur maman, essayent leur rouge à lèvres, enfilent leurs chaussures à talons aiguilles, mettent leur parfum, leur poudre. À travers leurs jeux, elles expriment leur identification à leur maman. Les petits garçons imitent leur papa ; quand c'est possible ils aiment bien rester à côté de lui lorsqu'il travaille, pour ensuite essayer de reproduire les mêmes gestes. Si le père est médecin, le petit garçon veut être médecin, et s'il est chauffeur, il veut se mettre au volant d'une automobile. L'adolescence venue, ce mimétisme disparaît. Souvent même les adolescents s'opposent à leurs parents. Leur gestuelle se fait plus inconvenante, ils sont moins harmonieux physiquement, leur langage change. Ils deviennent insaisissables, rebelles. En cet individu face à eux, les parents ont du mal à reconnaître leur enfant si gracieux, si prévisible jusque dans ses caprices. En réalité, l'adolescent porte toujours en lui les mêmes penchants vitaux, mais il a soudain des réactions et des pulsions différentes de celles auxquelles on pouvait s'attendre. Il est en train de se transformer physiquement et mentalement, et découvre sans cesse d'autres aspects de lui-même. Il accomplit des actions et fait des choix qu'il est après coup incapable d'expliquer. Il est comme étourdi, il n'arrive pas à s'opposer à cette force intérieure qui l'entraîne tour à tour dans une direction puis dans une autre. Pour la même raison, lorsqu'il regarde autour de lui, il voit soudain ce qui l'entoure d'un autre œil. Pratiquement plus rien ne lui plaît dans son ancien monde. Ses vêtements et ses objets, sa chambre, sa coiffure, la façon dont s'habillent et se comportent son père et sa mère, rien ne trouve grâce à ses yeux. Il critique ses parents, s'oppose à eux, cherche à les entraîner dans son nouveau monde, dont il n'a pas encore une vision très précise.

— Il est vrai que nous avons effleuré ce sujet sans l'approfondir. Si l'adolescent est instable, c'est qu'il doit découvrir qui il est, ce qu'il veut être, ce qu'il veut devenir. L'exploration et le décryptage de ses désirs profonds l'accaparent trop pour qu'il puisse se soucier des réactions de stupeur de ses parents et du monde qui l'entoure. À fleur de peau, il sent qu'il est porteur de diverses potentialités qui sont en opposition les unes avec les autres. Mais le charme de l'adolescence réside justement dans ces métamorphoses...

— ... dans cette lutte entre les différentes personnalités d'un même individu. Cependant, à un moment donné, il doit choisir : l'une de ses personnalités doit l'emporter sur les autres. Même si la personnalité victorieuse doit conserver en elle les résidus des personnalités vaincues.

— Mais comment l'adolescent découvre-t-il sa vocation ? Comment parvient-il à repérer la personnalité qui convient le mieux à ses besoins profonds, à ses dispositions, à ses rêves ? dis-je en m'adressant plus à moi-même qu'à Rosa.

— En jouant de plus en plus de rôles différents, en passant de l'un à l'autre pour voir s'ils lui correspondent. Il avance à tâtons, de tentatives en erreurs. Il interprète un rôle, le teste avant de l'abandonner au profit d'un autre. Si l'adolescent est si instable et si imprévisible, c'est parce que l'adolescence est une période de recherche de sa propre identité, une période de travestissements.

— Donne-moi quelques exemples.

— Imaginons tel jeune homme, ou telle jeune fille, derrière une scène où se trouvent des loges remplies de costumes, perruques, objets, bijoux, moustaches et fards divers. Des accessoires qui permettent de se transformer et d'incarner sur scène différents types de personnages. Ces loges sont excitantes, elles représentent une véritable orgie de possibilités, une galerie de personnages. Pourquoi ne pas essayer de tous les interpréter, pour choisir le mieux adapté ? La tentation existe et elle est permise à cet âge. Imaginons une jeune fille entrant dans la loge où sont rangés les costumes de Juliette, l'héroïne de Shakespeare. Que fait-elle ? Elle enfile les vêtements de Juliette, se maquille, et se prépare mentalement à interpréter son rôle. Elle se fait douce, langoureuse, amoureuse. Elle brûle d'amour pour son Roméo, elle est prête à se tuer pour lui. Il peut arriver qu'en jouant, elle s'identifie au personnage au point d'oublier le reste. Pourtant, elle n'est pas tout entière à ce qu'elle fait. Soudain éclate en elle une force qui l'incite à se libérer du rôle, à tenter une autre expérience. Pourquoi ? Parce que d'innombrables potentialités se pressent en elle et qu'elle veut donner sa chance à chacune d'elles. Elle veut se mettre à l'épreuve et tester une autre partie d'elle-même. Elle abandonne les habits de Juliette, entre dans une loge et enfile un autre costume. Peut-être à l'exact opposé : par exemple celui d'une femme moderne, rebelle comme Thelma ou Louise. Rien ne l'empêche de changer une troisième fois, de se déguiser en vamp, en femme fatale, en mangeuse d'hommes, en une Circé qui les transforme selon son bon plaisir. En peu de temps, elle aura donc subi plusieurs métamorphoses et joué plusieurs rôles, ce qui lui aura permis à chaque fois d'établir un rapport différent avec le monde extérieur, et surtout avec son petit ami. Lorsqu'elle interprète Juliette, elle le traite avec douceur et amour, lorsqu'elle se coule dans la peau de Thelma ou de Louise, elle le malmène et le rejette. Quand elle se mue en vamp pleine de charme, elle le séduit pour mieux l'abandonner tout de suite après. Quand elle se déguise en Circé la magicienne, elle l'attire, l'envoûte et s'imagine pouvoir le transformer quand l'envie lui prend. Il est impossible que le même jeune homme puisse supporter toutes ces facettes. Et c'est pourquoi notre jeune fille se voit contrainte de changer de petit ami en fonction du rôle qu'elle interprète.

— Il me semble que le travestissement explique en partie l'intensité et la brièveté des amours à ce moment de la vie, dis-je. De qui tombons-nous amoureux ? Nous tombons amoureux de notre destin, nous tombons amoureux de celui ou de celle qui nous aide à devenir ce que nous aspirons à devenir. Nous tombons amoureux de celui ou de celle avec qui nous avons envie de franchir les étapes de la vie. Mais ce choix ne peut pas être définitif dès lors que nous sommes dans une phase d'expérimentation et de travestissement. Alors, tout en croyant à chaque fois que nous avons rencontré l'amour de notre vie, nous nous bornons en réalité à choisir une personne qui nous accompagnera pendant un bout de chemin, le temps d'un voyage parmi d'autres.

— Chaque personnification, dis-je, sert à faire émerger, à développer une partie de nous-mêmes, un " moi " possible. Pendant quelque temps ce " moi ", cette personnalité partielle, occupent la scène, avant de céder la place à une seconde, à une troisième personnalité partielle, jusqu'à ce qu'enfin sonne l'heure du choix définitif. Jusqu'à ce que la personnalité la plus adaptée prenne l'avantage sur les autres. Le jeune homme qui a " zoné " pendant un moment, avant de traverser une période " punk " puis " corbeau ", finira par opter pour le genre de coiffure et d'habillement qui correspondent au type d'école, d'université ou de travail qu'il a choisi. S'il va à l'université il s'habillera " décontracté ", s'il travaille dans une banque il s'habillera de manière formelle, si en revanche il gravite dans le monde de la mode, il portera des vêtements très personnalisés. Quand la personnalité la plus adaptée fait surface, alors toutes les personnalités partielles antérieures sont mises en veilleuse. Elles pourront émerger de nouveau dans les moments de crise.

— Le choix de notre personnalité définitive est-il influencé par des raisons internes, génétiques, ou bien est-ce une question de milieu ? Voilà une autre question qui me trotte dans la tête.

— Parfois les facteurs internes semblent déterminants, dis-je. Ainsi Giuseppe Verdi, dont la famille n'avait aucune tradition musicale, est devenu compositeur. En revanche, dans le cas de Mozart, ce sont les facteurs externes qui paraissent avoir le plus de poids : son père lui avait donné une éducation musicale. Quant à Winston Churchill, il était originaire d'une famille noble et son père était un homme politique. Cela dit, ni les uns ni les autres n'auraient pu être ce qu'ils ont été s'ils n'avaient eu en eux cet élan qui, favorisé par une interaction positive avec le milieu, a fait germer leur personnalité dominante.

« La même règle est toujours valable aujourd'hui, dis-je en poursuivant mon idée. Quand le milieu n'est pas favorable, que la personnalité fondamentale manque des éléments nécessaires à son éveil et à sa construction, il arrive que les expériences et les travestissements de l'adolescence soient mal engagés, avant d'être remis sur la bonne voie. La jeune fille qui a de grandes possibilités intérieures, mais qui vit dans un petit village isolé, va accomplir ses premiers travestissements au sein de ce milieu et prendre comme modèles les personnages qui l'entourent, avant de se rendre compte que cela ne correspond ni à ce qu'elle est, ni à son projet de vie profond. Et que son destin l'appelle ailleurs.

« La jeune fille a des toquades, des engouements et

croit, en toute bonne foi, être amoureuse. Les obstacles qu'elle rencontre ne font qu'accroître son amour. Or en réalité elle n'est pas vraiment amoureuse. Sa personnalité est comme dédoublée. La plus superficielle, celle qui opère le travestissement, aime, tandis que la plus profonde se refuse à l'amour. Tôt ou tard la personnalité profonde, la vraie, fait surface, et brusquement, l'amour s'évanouit. La jeune fille s'aperçoit alors qu'elle n'est plus amoureuse.

— C'est exactement ce qui est arrivé à Gabriella, une fille du Sud à qui j'ai demandé de me raconter son adolescence. » En farfouillant dans ses notes, ma femme ajoute : « Je vais te lire le récit qu'elle m'a envoyé. »

« J'habitais dans un hameau d'une vingtaine de maisons où je n'avais qu'une amie. Elle s'appelait Eleonora, elle était simple et radieuse. Elle avait dix-neuf ans et moi quinze. Nous nous aimions beaucoup. Eleonora était fiancée à un garçon de vingt-six ans, originaire d'une ville voisine. Nous n'avions aucun secret l'une pour l'autre, elle me parlait de son fiancé et des baisers qu'ils échangeaient en cachette. C'était la seule fille dans une famille de garçons. Ses parents se faisaient du souci et sa mère la surveillait de près.

« Dès qu'Eleonora avait le moindre contact physique avec son fiancé, elle venait me le raconter. À moi qui ignorais tout de l'amour, elle me décrivait comment il l'avait embrassée et serrée dans ses bras. Un après-midi où nous étions seules à la maison, elle me fit une démonstration pratique devant le miroir de l'armoire. Je lui avais souvent demandé : " Comment fait-on pour embrasser un homme ? " J'étais très curieuse.

« En riant, comme quelqu'un qui en sait long sur la question, elle m'attire à elle, me serre dans ses bras et m'embrasse sur les lèvres. " Alors ? " fait-elle immédiatement après. Et moi, en me frottant les lèvres du dos de la main, je lui réponds : " Ça ne me plaît pas. " " Ça te plaira, ça te plaira quand ça sera ton copain qui t'embrassera. "

« Avant Noël Eleonora m'a dit : " Le frère cadet de mon fiancé viendra lui aussi, tu verras comme il est beau. Fais-toi belle, parce que le soir on dansera. " Je me souviens encore de la première fois où j'ai vu le futur beau-frère d'Eleonora. J'allais justement rejoindre Eleonora dans sa chambre quand je l'ai croisé dans le couloir qui mène au salon. Il s'est arrêté, m'a regardée fixement, et j'ai levé les yeux vers son visage. Ses yeux étaient bleus et lumineux. J'ai rougi et baissé le regard, et il s'est effacé pour me laisser passer. Pantelante, j'ai rejoint mon amie. " Il est magnifique, ton beau-frère. " Elle a ri. " On dirait qu'il t'a impressionnée, tu as les joues rouges ! " " Je sais. N'entrons pas tout de suite au salon, je ne veux pas qu'on me voie comme ça ", ai-je dit en me regardant dans le miroir. " Il t'invitera à danser, j'en suis certaine. " Eleonora s'amusait de mon embarras, pas moi. " Arrête ! " lui ai-je demandé.

« Dès que nous sommes entrées dans le salon, son beau-frère Raffaello ne m'a plus quittée des yeux. Il m'a invitée à danser. J'ai accepté. Pendant que l'on dansait un tango, j'ai évité son regard. Il m'a parlé et j'ai continué à regarder ailleurs. Puis il a trouvé le moyen de me faire rire. Alors j'ai osé affronter son regard, sans peur. On a dansé ensemble presque toute la soirée, à part une fois où j'ai dansé avec mon père, qui en a profité pour me dire : " Ma petite fille, c'est mal élevé de ne pas danser avec les autres garçons, surtout quand ils te le proposent. " J'ai obéi et suis allée danser avec deux autres garçons du village voisin. Raffaello dansait avec une fille aux cheveux roux, mais il ne me quittait pas des yeux.

« Quelques jours plus tard, Eleonora me tend une

lettre. " C'est Raffaello, lis-la. " Je la lis, tout excitée. Puis je la lui passe : " Lis-la, toi aussi. "

« Pendant qu'elle lit, le visage de mon amie s'illumine. Puis elle s'exclame : " Si toi aussi tu tombais amoureuse de lui, imagine qu'on pourrait devenir belles-sœurs ! On pourrait rester ensemble même après le mariage ! Fantastique, non ? " " Oui, mais mon père ne me permettra jamais de me fiancer à quinze ans. " " Ça n'a pas d'importance. Ce qui compte c'est ce que tu éprouves. Il te plaît ? " " Beaucoup. " Alors elle me serre dans ses bras avec une tendresse infinie. Je me sens tout étourdie.

« Eleonora s'arrange pour que Raffaello et moi on puisse se voir seuls. Un soir je reste dormir chez elle. Ce n'est pas la première fois. À la nuit tombée, Raffaello arrive au village sur sa moto. Eleonora et moi on sort se promener. On a pris l'habitude de s'asseoir sur la margelle du puits, derrière la maison. L'été, on reste des heures à parler. Mais ce soir, c'est Raffaello que je retrouve près du puits. Il me prend tendrement la main et on marche côte à côte. J'ai l'impression d'être dans un rêve. Il me parle doucement, mais sa main tremble dans la mienne. Je suis jeune et il ne veut pas me faire peur. Eleonora l'a mis au courant de mon inexpérience. Après ce rendez-vous, il m'écrit tous les jours des lettres passionnées. Je me sens importante et fière. J'ai un fiancé aux yeux bleus, qui m'aime comme personne ne m'a jamais aimée.

« Un soir, il vient parler à mon père. Ils s'éloignent de la maison. Le cœur battant, je les observe par la fenêtre. Mon père gesticule, secoue la tête. C'est non, j'en suis certaine. Il l'invite à boire quelque chose, puis Raffaello s'en va.

« Je viens de tomber amoureuse, et mon père me réprimande déjà. Il dit que je suis trop jeune pour me fiancer. " Quand tu auras vingt ans, j'accepterai la proposition d'un de tes soupirants. D'ici là, je ne veux plus revenir sur ce sujet. À ton âge ce n'est pas sérieux. Ce sont des caprices. Que je n'ai pas l'intention de suivre. C'est clair ? " Hélas, c'est on ne peut plus clair pour moi. Mais je sais que Raffaello n'abandonnera pas la partie. En effet, à partir de ce soir-là, il prend l'habitude de venir en bas de chez moi sur sa moto. Il s'arrête à peine quelques minutes pour parler avec l'un de mes frères. Mais l'important c'est qu'il vienne, qu'il me dise bonjour, que je lui dise bonjour. On est complices. Mon père ne dit rien et ne lui propose pas d'entrer. Le soir, il ne me laisse même plus aller chez Eleonora. Ma mère l'approuve.

« En attendant, je parle et je mange de moins en moins. Quand mon père m'adresse la parole, je lui réponds par monosyllabes. Je suis distante, irritable, hostile. Son entêtement me contrarie chaque jour davantage. Je veux Raffaello, je le veux et il faudra bien que mon père l'accepte.

« Un soir, Raffaello arrive avec ses parents. Mon père est très courtois. Il leur répète que je suis trop jeune pour me fiancer. Il n'a rien contre le jeune homme, ni contre sa famille. S'il me veut, il devra attendre. Mais le père de Raffaello n'en démord pas. " Qu'ils se fiancent, pour le mariage on verra dans quelques années. On ne peut pas les laisser se désespérer comme ça. Ils s'aiment, ils veulent se voir. Qu'ils se voient ! On avisera ensuite. Mon fils est devenu intraitable. Il a perdu le sommeil, la nuit il erre dans la maison, il fait du bruit. À la maison, plus personne ne dort. Pour la paix de ma famille, je vous demande d'accepter.

— Je regrette, dit mon père, mais je ne changerai pas d'avis. " À cet instant, je le hais.

« Rafaello a la permission de venir chez moi, c'est déjà quelque chose. Un soir, il m'apporte une bague. Je l'enfile à mon doigt et ne l'enlève plus. J'en suis fière, surtout quand quelqu'un la remarque. Maintenant, c'est mon père qui essaye de m'ignorer. Deux mois passent, Raffaello est heureux, moi aussi. Ma mère est gentille, presque trop gentille avec Raffaello. Il espère qu'elle nous aidera, qu'elle sera de notre côté. " Elle a toujours été comme ça, dis-je en prenant sa défense, elle a toujours les mêmes opinions que mon père. "

« Un soir Raffaello me dit que mon père n'est pas un homme, mais une pierre, qu'il n'a pas de cœur. " Quand on sera mariés, ajoute-t-il, on restera toujours ensemble. On aura notre maison à nous, loin d'ici, et s'il veut te voir il n'aura qu'à acheter un télescope. Plus tard, on aura des enfants. Ce sera merveilleux, tu verras. "

« Brusquement, je ne sais pourquoi, ces mots me glacent. Je m'imagine comme ma mère, en train de me débattre avec les travaux ménagers et les enfants. Toujours à s'apitoyer sur elle-même. Non ! Je ne veux pas d'une vie comme la sienne, me dis-je. Je regarde Raffaello sans faire de commentaire sur son projet d'avenir. Mais lorsqu'il s'en va, j'ai comme un sentiment de libération. Sans comprendre ce qui s'est passé en moi, je me sens changée. J'ôte la bague, je la remets dans son écrin et la donne à ma mère en lui disant : " La prochaine fois qu'il reviendra, tu la lui rendras. "

« Raffaello revient au bout de deux jours. Mon père est joyeux, il lui offre à boire puis, sans y aller par quatre chemins, il lui annonce que je ne veux plus de lui. Il lui rend la bague : " Je te l'avais dit, elle est trop jeune. On ne peut pas faire confiance à une gamine. Toi, tu es déjà un homme, tu vois les choses d'une autre manière. " Raffaello ne veut pas y croire. D'une voix tremblante, il me demande : " Gabriella, dis-moi que ce n'est pas vrai. Je t'en prie, je t'en conjure, dis-moi que ce n'est pas vrai ! Ça ne peut pas être vrai ! " Je tourne la tête de l'autre côté. Et Raffaello s'en va, abasourdi, bouleversé.

« Les jours suivants, il m'envoie des dizaines de lettres. Je ne les ouvre pas, je ne veux même pas les toucher. Je dis à ma mère de les renvoyer. Je suis inflexible. Je me surprends moi-même. Ma décision est inébranlable. Même Eleonora ne me comprend pas, et refuse de me voir.

« Aujourd'hui encore, quand je pense à la douleur que j'ai infligée à ce gentil garçon qui m'aimait sincèrement, je me sens profondément coupable. Je me rends compte que j'ai été brutale, cruelle. Mais à l'époque j'étais incapable de m'expliquer le changement qui s'était opéré en moi. Alors comment aurais-je pu l'expliquer à Raffaello ? »

CHAPITRE VI

Conséquences

Je suis à l'université IULM de Milan. Par cette journée limpide, tout concourt à notre euphorie : le soleil entre à flots par la grande baie vitrée de la salle de réunion de l'institut des Sciences humaines, et notre recherche touche à sa fin. Mon équipe et moi nous nous réunissons pour la dernière fois, avec l'intention de tirer les conclusions de plusieurs mois de travail. Vieva est venue spécialement jusqu'à Milan. Giovanna, une jeune collaboratrice, s'est jointe au groupe habituel.

Je prends la parole : « Lorsque j'ai imaginé ce projet de recherche, l'un de mes objectifs était de mesurer la conséquence des expériences amoureuses infantiles et adolescentes sur l'évolution des adultes et de leurs amours. Nombreux sont ceux qui pensent qu'elles n'ont aucun effet, considérant que seules les relations émotionnelles avec les parents ont une importance. Notre recherche a démontré que cette conviction est erronée, et qu'elle s'explique en partie par le fait que tout individu s'obstine à dévaluer ses propres relations affectives. À chaque passage vital, à chaque changement, nous faisons tout pour oublier et dévaloriser nos amours passées, quand bien même elles ont été intenses et importantes. Chaque individu cherche à se libérer de ses souvenirs pour mieux mettre en valeur l'amour du moment, qu'il soit source de joie ou de souffrance. Cependant lorsque les personnes laissent parler leur cœur, nous apprenons que certaines de leurs expériences amoureuses ont été marquantes et lourdes de conséquences. C'est pourquoi je vous propose de conclure notre travail ainsi : j'aimerais que nous racontions tous le témoignage d'une personne ayant eu dans son enfance ou dans son adolescence un amour qu'elle considère important et lourd de conséquences. Et je voudrais tout d'abord donner la parole à Vieva. »

Récit de Vieva

« Je vais vous parler de Roberto, un homme plein de charme à qui tout réussit. Son enfance a pourtant été marquée par un amour intense, douloureux et profond, qui lui a laissé des traces. À dix ans, Roberto est tombé follement amoureux d'une petite fille de onze ans. À cet âge-là, on ne peut pas parler d'une expérience amoureuse marquée par la révolte et la renaissance, ou par une volonté de reconstruction du monde ; mais c'en était en quelque sorte le prélude. La petite fille habitait au troisième étage de l'immeuble de Roberto, et l'un de ses frères était son meilleur ami. Mais comme elle était déjà grande, elle ne descendait pas dans la cour, ne jouait pas avec eux, ne faisait pas partie de la bande des garçons. Roberto l'apercevait sur son balcon, la croisait dans les escaliers ou chez elle quand il allait jouer avec le frère. Elle était brune, pâle et réservée, avec de longs cheveux lisses. Aux yeux de Roberto elle était très belle, adorable. Il l'aimait follement. La rencontrer le faisait pâlir et lui coupait le souffle. Plusieurs fois il avait tenté de rester seul avec elle, de lui parler, d'établir un rapport plus intime. Mais elle l'avait toujours évité, sérieuse, hautaine, méprisante.

« Peut-être était-elle seulement timide ? " C'est possible, répond Roberto, mais sa timidité la rendait dure, hautaine, arrogante. Je me sentais rejeté. Et pourtant dès que je m'éloignais d'elle, je n'arrêtais pas de penser à elle. J'étais malheureux, j'avais un besoin viscéral d'être près d'elle. Ça me donnait envie de pleurer. "

« Avant cette histoire, Roberto n'avait jamais parlé d'amour avec personne. Mais pour une raison mystérieuse, il savait très bien qu'il " était amoureux ". Et ça a duré des années. Il n'a jamais eu le courage de lui dire ouvertement, il sentait bien que ça n'aurait servi à rien. Elle n'avait que de l'indifférence pour lui. " On aurait dit une muraille impénétrable, glaciale, contre laquelle tu te cognes sans espoir. " S'il avait parlé de son amour malheureux à ses copains, ils se seraient moqués de lui. Roberto était le chef de bande, ils jouaient à la guerre, défendaient leur territoire. On ne pouvait pas dignement tomber amoureux d'une fille qui restait de marbre. C'était une faiblesse inadmissible de la part d'un chef de bande. Mais aujourd'hui Roberto est convaincu que si elle avait partagé son amour, si elle était devenue " sa petite amie ", les autres l'auraient accepté. Ils n'auraient pas osé se moquer de lui. Au contraire, ça aurait accru son influence. Il était différent et ils le savaient. " Moi j'avais le droit d'avoir une petite amie, me dit-il. Une compagne, une fiancée, une amante, quel nom donner à ce qui est encore indéfinissable à cet âge-là ? "

« Bien que son amour n'ait pas altéré son rapport avec sa mère ou son père, ni perturbé ses jeux et sa scolarité, Roberto avait changé. Il était devenu plus sérieux, plus triste. Il aurait pu se battre pour elle, il aurait pu la défendre. Il aurait voulu l'avoir à ses côtés, car ensemble ils auraient été plus forts. Il l'aurait traitée " comme une reine ". Cet amour l'avait projeté dans l'avenir et rendu plus adulte. Sans avoir envie de se séparer de sa famille, Roberto se sentait disposé à jouer un rôle différent, que ce soit avec ses camarades ou avec les autres filles, bref, avec tous les éléments de son univers. " Je n'avais que dix ans, mais j'étais prêt à avoir une femme. " Dans un autre milieu, pourquoi pas ? Mais dans la société qui était la sienne, c'était considéré comme un acte transgressif par rapport aux règles établies par les pères, les mères, le groupe des amis. Il était donc assailli par la honte et l'impuissance, et par ce tourment intérieur que l'on éprouve lorsque l'objet de notre désir est inaccessible.

« Roberto est certain que cet amour malheureux a eu un impact sur le cours de sa vie, ne serait-ce que parce qu'il s'est forgé la conviction que l'amour était profondément injuste. Un sentiment d'impuissance et de méfiance s'est fait jour en lui, engendrant une immense timidité par rapport aux filles. Lui qui pourtant était si sûr de lui par ailleurs, et toujours le premier, toujours le chef.

« À quatorze ans il est de nouveau tombé amoureux. Mais ce sentiment d'impuissance et d'inutilité est revenu le paralyser, lui ôtant tout courage de parler à la fille qui lui plaisait. Il s'est passé la même chose lorsque, à seize ans, il s'est épris d'une camarade de classe, mince, sérieuse et douce. " Je n'ai jamais fait le moindre geste vers elle, par peur d'un refus. Je m'étais interdit de l'aimer. C'est possible d'étouffer ses sentiments, croyez-moi. "

« Il n'arrivait pas à imaginer qu'une fille puisse l'aimer. Roberto a toujours eu beaucoup de peine à exprimer son amour, et cela lui a réservé bien des déceptions. Ce n'est que plus tard qu'il a déchiré le voile. Il est tombé amoureux, a été aimé en retour, et sa vie amoureuse est devenue tumultueuse. Mais encore aujourd'hui il est convaincu que si à dix ans il avait été aimé en retour, il aurait pu se sentir beaucoup plus sûr de lui par rapport aux femmes. Sa vie affective en aurait été transformée. »

Récit du professeur Scramaglia

« Je vais vous raconter l'histoire de Dorothy, une jeune fille de quinze ans, jolie à croquer. Ses cheveux courts sont enduits de gel. Elle se maquille à l'égyptienne. Ses yeux bleus, bordés de khôl, se détachent sur son visage très blanc. Son sourire est ouvert et séduisant. Maigre, elle est vêtue de manière moderne : jeans, chaussures de tennis, corsage noir en *stretch*. Ses gestes sont empreints de confiance, et elle a l'habitude de dire franchement ce qu'elle pense. Dès l'âge de cinq ans, elle est tombée plusieurs fois amoureuse : à l'école maternelle, en primaire (à sept et neuf ans), et enfin au collège, lorsqu'elle avait onze et treize ans.

« Mais c'est avec Paolo qu'elle découvre le grand amour. Il a dix-neuf ans et elle en a quinze. Il est grand, avec des yeux noirs et des cheveux noirs bouclés. C'est le coup de foudre. Ils se rencontrent dans une fête et se " mettent ensemble " au bout d'une semaine. Ils se voient tous les après-midi. Ils se promènent main dans la main et discutent pendant des heures. Aujourd'hui, Dorothy affirme que c'était une période merveilleuse. Ils allaient au cinéma et jouaient au billard. Ils riaient, plaisantaient. Mais bientôt elle éprouva l'envie de le voir plus souvent, notamment le soir et pendant l'été. Et son désir devient réalité.

« Puis l'automne arrive, et ses parents ne la laissent plus sortir comme elle veut. C'est le début des disputes et des mensonges. Pour pouvoir retrouver Paolo, elle fait croire à ses parents qu'elle va dormir chez une amie. Mais ils apprennent la vérité et la punissent en l'empêchant de sortir le soir. Dorothy a beau crier et tempêter, elle n'obtient pas gain de cause. Elle est prête à n'importe quoi pour voir Paolo le soir. Elle voudrait aller vivre chez sa grand-mère, mais ses parents le lui interdisent.

« Pour se lier davantage à son petit ami, pour lui prouver la force de son amour, elle couche avec lui. Elle le vit comme une merveilleuse expérience. Elle se sent grande, femme, plus expérimentée que ses amies, qui sont encore vierges. Mais après deux mois de nouvelles disputes avec ses parents, Dorothy cesse de manger.

« Fin novembre, c'est le drame. Paolo n'est plus le même, il semble distrait. Puis il commence à lui poser des lapins. Un jour enfin, il lui annonce qu'ils doivent se quitter, parce que leurs rapports sont devenus trop contraignants. Il veut se sentir libre, il veut s'amuser encore un peu. Dorothy est terrassée, anéantie. Parce que Paolo est l'amour de sa vie, et qu'elle l'aime à la folie. Elle serait prête à faire une fugue, à l'épouser, à partir n'importe où, à faire n'importe quoi. Maintenant elle ne peut même plus compter sur ses parents avec lesquels elle est fâchée, et qui de toute manière ne la comprendraient pas.

« Dorothy ne regrette pas d'avoir fait l'amour avec Paolo, parce qu'elle l'aime. Mais elle va très mal en ce moment. Elle ne mange pas, ne dort pas, elle est nerveuse et anxieuse, même si par fierté elle se débrouille pour que ses amis ne s'en aperçoivent pas. Elle se sent trahie, elle n'arrive pas à croire que Paolo ne l'aime plus.

« C'est auprès de ses amis, un groupe de garçons et de filles qui l'ont soutenue lorsque Paolo l'a quittée, qu'elle trouve du réconfort. Elle les a informés de toute son histoire, et ils la protègent. Avec eux elle essaye de se montrer forte, de ne pas pleurer, notamment lorsqu'elle rencontre Paolo. Elle ne veut pas qu'on voie qu'elle est toujours folle de lui. »

Récit de Giovanna

« Je vais vous parler d'un type d'amour que le professeur a appelé l'*amour consolation*.

« Lara a dix-sept ans lorsqu'elle s'éprend follement de Salvatore, qui en a vingt-trois. Elle se souvient encore de sa démarche, les mains enfoncées dans ses poches et la tête penchée. Elle se souvient de l'époque où elle s'échappait de son travail pour courir le retrouver en fin de journée. Elle arrivait chez lui pantelante, impatiente de le voir et d'être avec lui.

« Salvatore est très possessif et jaloux. Lara a déjà eu un petit ami possessif et ne le supportait pas. Mais la jalousie de Salvatore ne lui pèse pas. Elle fait tout pour ne pas provoquer ses soupçons, pour éviter qu'il y ait le moindre malentendu entre eux. Elle ne fait rien d'autre qu'aller à son travail et sortir avec lui, et s'arrange pour que sa ligne de téléphone soit toujours libre afin qu'il puisse l'appeler.

« Un jour Salvatore doit partir étudier et travailler en Angleterre. Lara aimerait l'accompagner. Elle tente de convaincre ses parents de lui donner de l'argent et de la laisser partir étudier l'anglais. Mais ses parents lui rétorquent qu'ils n'ont pas l'argent et qu'elle commettrait une folie en quittant son travail. Comment compte-t-elle en retrouver un autre ? Rien à faire. Lara accompagne donc Salvatore à l'aéroport. Ils s'embrassent, il lui promet de lui téléphoner et de lui écrire. Pendant un moment, il tient parole. Il l'appelle le soir, quand ça coûte moins cher, et lui raconte brièvement sa journée. Il lui écrit aussi de longues lettres. Mais ensuite le silence s'installe, entrecoupé de quelques coups de fil, d'une carte postale. Puis plus rien. Il ne lui écrit même pas pour lui signaler son retour. Lara, cependant, fait ses calculs et, quand les huit mois arrivent à échéance, elle téléphone à un cousin de

Salvatore. C'est ainsi qu'elle apprend qu'il vient de rentrer. Elle se précipite chez lui, voulant lui faire une surprise. Elle s'attend à une étreinte, à un baiser, au moins à un sourire. Mais à peine a-t-elle franchi le seuil qu'elle comprend qu'il a changé. Il l'accueille d'un " salut, comment ça va ? "... Le visage froid, impassible, comme si elle était une étrangère. C'est fini, se dit Lara en repartant, le cœur glacé, les mains froides et l'estomac noué.

« Plusieurs jours passent sans qu'il lui téléphone. Alors elle décide de l'appeler. Elle lui demande ce qui s'est passé et pourquoi il la traite ainsi. Il répond qu'il vaut mieux rompre leur relation, parce qu'il est sûr qu'" elle l'a trompé pendant son absence ". Lara se souvient encore de ses derniers mots : " On se reverra dans deux ou trois ans, quand tu auras grandi. " Pendant des années, elle a continué à attendre son appel. Même aujourd'hui qu'elle est mariée, elle se demande ce qu'elle ferait s'il surgissait à l'improviste et lui demandait de revenir avec lui.

« Après le dernier coup de fil commence pour Lara une souffrance atroce. Elle n'arrive plus à aller au travail. Elle reste enfermée chez elle pendant des mois et des mois. Elle ne mange pas, devient squelettique, a des pensées suicidaires. Angoissés, ses parents ne la laissent plus seule. Et même longtemps après, ils la surveillent encore. " Je n'ai jamais éprouvé de souffrance plus grande, plus atroce, plus longue. " Elle ajoute d'ailleurs que ce n'est peut-être pas tout à fait terminé. Elle se sent mal quand elle pense à lui.

« Elle se souvient d'avoir revu Salvatore plusieurs années après, alors qu'elle se promenait avec son mari, et de s'être enfuie sans oser l'affronter. La souffrance avait refait surface, violente, et lui avait de nouveau tenaillé l'estomac d'une morsure douloureuse.

« Elle a épousé Walter parce qu'il était amoureux d'elle et qu'il l'a aidée à sortir de cette mauvaise passe, qui aurait pu, sinon, durer éternellement. Elle se souvient du jour où elle l'a vu pour la première fois : il neigeait et Walter marchait tête baissée, exactement comme Salvatore. Mais ce n'était pas Salvatore. Lara n'a jamais été amoureuse de Walter. Elle a trouvé en lui un compagnon fidèle, un point de repère. Mais tant de choses lui déplaisent et l'importunent en lui. Plus le temps passe, plus ses défauts prennent de l'importance et l'insupportent. Parfois elle voudrait qu'il disparaisse ou qu'il trouve une autre femme. Elle conclut en disant : " Quand je regarde mon mari, je ne me sens pas vivante. Quand je pense à mon grand amour, j'ai envie de pleurer. " »

Récit de Rosa

« Et maintenant c'est à toi, dis-je en me tournant vers ma femme.

— Je vais vous raconter l'histoire d'Isabella, une fille du Sud très jeune et très belle, qui a trop cherché à plaire à son petit ami, et a fini par le perdre. Elle a préféré raconter elle-même son histoire, que voici. »

« Pour moi qui vivais à Lecce, Milan m'avait toujours paru un endroit extraordinaire. J'en avais entendu parler par des gens de ma famille puis par certains amis qui s'y étaient installés. Ils racontaient qu'ils avaient de belles maisons, qu'ils avaient fait fortune. Dans mon imagination, la ville était splendide et aussi grande que New York. Aussi ai-je sauté de joie quand papa m'a annoncé que pour mon quinzième anniversaire il m'emmènerait à Milan. Il devait aller rendre visite à l'un de ses parents qui venait de perdre sa femme. Je me suis soigneusement préparée. Maman m'a toujours offert de beaux vêtements.

Mais pour ce voyage je l'avais convaincue de m'acheter une jupe à fleurs et une chemise décolletée, qui mettait en valeur mon corps florissant de jeune fille de quinze ans.

« En arrivant à la gare centrale, mon père et moi nous avons pris un taxi pour nous rendre chez notre parent. Je savais qu'il avait un jeune fils. " Comment s'appelle mon cousin ? " ai-je demandé à mon père quand nous sommes arrivés dans la grande avenue où il habitait. Mon cœur battait sans que je sache pourquoi. J'ai pensé que c'était peut-être à cause de la ville, si grande par rapport à la mienne.

« Mon père a mis les valises dans l'ascenseur, appuyé sur le bouton, puis, en me regardant dans les yeux, il m'a enfin répondu : " Il s'appelle Tonino. Il doit avoir vingt ans. La dernière fois que je l'ai vu, c'était un petit garçon. Sois gentille avec lui, c'est affreux de perdre sa mère. Il n'a plus que son père, maintenant. " " Oui, papa. "

« Tonino a ouvert la porte. En le voyant mon cœur s'est emballé dans ma poitrine. J'ai dû devenir blanche comme un linge. Qu'il était beau ! Grand, les yeux marron et les cheveux châtain clair. Il portait des jeans et une chemise bleue ouverte sur son torse musclé. Je suis assez grande moi-même, mais il y a sept ans, j'étais plus maigre. J'avais l'impression d'être une brindille face à ce corps majes- tueux. Il nous accueillit avec un sourire. " Salut, oncle Antonio ! " Mon père le serra dans ses bras et dit : " Voilà ma fille Isabella. " " Salut, Isabella ", dit Tonino en m'embrassant sur la joue.

« Je n'arrivais pas à prononcer un seul mot. J'avais la gorge sèche. L'impression de suffoquer. Heureusement l'oncle Nicola arriva : je l'embrassai, tandis que les larmes coulaient sur mes joues. Mon oncle me caressa, croyant que je compatissais à son malheur. J'étais bien sûr désolée pour lui, mais pas au point de pleurer. Je ne connaissais même pas ma tante disparue. Mes larmes étaient pour Tonino. Sans savoir pourquoi, depuis que mon père m'avait annoncé qu'il m'amenait à Milan, j'étais dans un état d'euphorie. J'étais sûre que quelque chose allait se passer.

« Il se passa bien plus que je ne l'avais imaginé. Le lendemain, encouragé par son père, Tonino m'emmène visiter la ville sur sa moto. D'abord le Dôme, la Scala, le château des Sforza. Puis il me dit : " Allons près des canaux. " La moto se glisse entre les voitures, tourne, enfile rue après rue. Mais je ne vois rien. Les yeux fermés, je suis serrée contre son corps puissant et protecteur, comme si c'était ma place depuis toujours.

« Tonino arrête la moto sur une route qui longe un cours d'eau. " Nous sommes presque à Vigevano ", dit-il en me prenant la main. Pendant quelques minutes nous regardons en silence l'eau qui coule lentement. Puis Tonino m'entraîne sur un sentier qui traverse un pré, un petit bois. Il ôte son blouson de cuir, l'étend sur l'herbe et s'assoit sur la manche, laissant le reste pour moi. " Comment se fait-il que tu n'aies pas l'accent des Pouilles ? " " Ma mère est slave. " " Ah, je comprends ", fait-il. " Qu'est-ce que tu comprends ? " Il me tend la main, et m'aide à m'asseoir à côté de lui. " Tes yeux. Je n'en ai jamais vu d'aussi grands et sombres comme la nuit. "

« Je ne me rappelle pas notre conversation. Je sais seulement que tout d'un coup je me suis retrouvée blottie contre lui, le visage écrasé contre sa poitrine, avec ses mains qui m'ébouriffaient les cheveux. Je me souviens que nos corps étaient devenus un enchevêtrement de mains, de cheveux, de bras, de peaux, de baisers. " Où étais-tu ? me demande-t-il en m'embrassant avec avidité. Où étais-tu ? " Je ne sais que lui répondre. Mes larmes coulent, silencieuses. " Ne pleure pas, je ne te laisserai plus jamais. "

« L'heure avait passé très vite. Nous étions en septembre et le ciel était d'un bleu intense. Nous sommes rentrés à la maison sans un mot. Dans l'ascenseur je me suis aperçue que le pull-over de Tonino était plein de fond de teint. Sans hésiter, il l'a enlevé et l'a remis à l'envers.

« J'ai passé trois jours de rêve, trois jours d'étreintes et de courses folles en moto. Le troisième jour, à la gare, en guise d'au revoir Tonino nous dit : " Je reviendrai vous voir bientôt. " Je reste muette. Assise à côté de mon père, je regarde le train quitter les faubourgs de la ville puis se lancer dans une vaste plaine. " Tu es tombée amoureuse de Tonino ", fait mon père sans me regarder. J'aquiesce. " Et lui ? " " Lui aussi, papa. " " L'éloignement ne vous facilite pas les choses. Et ça, tu ne dois pas l'oublier. " " Pourquoi ? Même s'il est loin, je n'oublie pas Tonino. " " Ça va, ça va. Je ne veux pas te faire peur. Tu es jeune, trop jeune, et lui aussi. À votre âge le changement est comme le vent, il vous entraîne là où il veut. " " Je ne changerai pas. "

« Deux semaines plus tard, Tonino est venu me voir pour quelques jours. Ma mère l'aimait bien, elle était gentille avec lui. Mais chez moi on ne pouvait pas s'étreindre ni s'embrasser comme on en avait envie. Ma mère et surtout mes frères ne nous laissaient jamais seuls. Ils étaient aimables, nous emmenaient dîner et nous promener en ville. Alors on s'embrassait du regard. Nos yeux glissaient sur nos corps, et sans avoir besoin de parler, on savait qu'on rêvait de se manger de baisers.

« Nous étions à table et Tonino devait repartir le lendemain. Brusquement il se tourne vers mes parents et leur dit : " La semaine prochaine, Isabella pourrait venir à Milan. J'irai moi-même la chercher à la gare. Mon père sera là, vous n'avez pas à vous inquiéter. "

« Sans laisser à mes parents le temps de reprendre leurs

esprits, mon frère aîné Alfredo intervient. " Ma sœur n'a que quinze ans, elle ne peut pas sillonner l'Italie. C'est toi l'homme, c'est toi qui dois voyager. Tu seras toujours le bienvenu ici. " Ça s'est fait si rapidement et Alfredo s'est montré si catégorique que tout le monde reste bouche bée.

« Une fois Tonino parti, je n'arrive plus à dormir ni à manger, rien ne m'intéresse plus. Je reste sur mon lit toute la journée à penser à lui, à lui écrire. Je lis et relis ses lettres. Je les apprends par cœur. Il me parle de tout, de ce qu'il fait, de ses pensées pour moi. Il ne mentionne jamais mon frère Alfredo. Je suis certaine qu'il le déteste lui aussi.

« Au bout d'un mois il arrive sans prévenir. Pour autant il ne me prend pas par surprise : je l'attendais. Je me suis maquillée avec soin, j'ai enfilé une robe longue. Quand la sonnette de la porte retentit, je devance ma mère et cours ouvrir. Nous nous étreignons et restons ainsi sur le seuil.

« Sans doute pour se faire pardonner, mon frère Alfredo décide de nous emmener en boîte avec des amis. C'est une petite discothèque où nous allons souvent, et où les filles ont l'habitude de danser seules. J'adore danser, ça me donne le vertige, ça me rend heureuse, j'ai l'impression d'être en dehors du monde. Ce soir-là je suis très élégante, avec mon corsage en strass et ma minijupe. Je veux lui plaire, plaire à tous, pour lui. Je me déchaîne. Je danse pour Tonino, pour lui crier mon amour et ma passion, pour lui montrer que je danse bien et que je suis belle. Il m'a dit qu'il ne savait pas danser, mais je l'ai oublié. Tout le monde est capable de danser les danses modernes, il suffit de s'agiter un peu. Tonino danse avec moi quelques danses lentes, mais bientôt il s'arrête et me regarde du bord de la piste. Les garçons s'attroupent autour de moi. Je suis comme possédée. Je fais signe à Tonino, je lui envoie des baisers, mais son sourire est un peu mélancolique.

« Soudain, je ne le vois plus. Je sens comme un froid dans mon cœur. Je sors en courant, toute en sueur. Je le retrouve seul et renfrogné. "Pourquoi ne viens-tu pas danser toi aussi, ce n'est pas difficile, lui dis-je. Ce soir, c'est notre fête. " " Tu viens souvent danser ici ? " " Oui, avec mes frères. Je danse bien, non ? "

« Je le ramène à l'intérieur, un peu réticent. Nous dansons, serrés l'un contre l'autre. Puis arrive mon cousin Andrea, un fou déchaîné, qui me conduit en riant au centre de la piste. Avec lui, je fais un numéro de danse sous les applaudissements.

« Pourquoi l'ai-je fait ? Pour plaire encore plus à Tonino ? Pour le rendre jaloux ? Pour lui laisser un souvenir indélébile, pour qu'il ne puisse plus m'oublier ? Quoi qu'il en soit, Tonino n'a rien compris.

« Le lendemain il part sans me dire au revoir. Je l'entends chuchoter quelque chose à ma mère dans le couloir, puis il sort. Je retourne sur mon lit et je pleure pendant je ne sais combien de temps. Quand je me réveille, c'est presque le soir. Les stores sont restés fermés. À en juger par la lumière qui filtre à travers, la nuit est en train de tomber. Ma mère entre dans ma chambre d'un pas feutré. " Ton amoureux est parti tôt, dans deux jours il doit se présenter à la caserne. Il t'écrira. "

« Je m'abstiens de tout commentaire. Je sens qu'il n'écrira pas, tout en refusant d'y croire. J'attends des jours, des mois, des années. Pas la moindre lettre. Quand je ne suis pas seule à la maison, je ne quitte plus ma chambre. Tous les matins je vais à la salle de bains, je me maquille avec soin et je retourne sur mon lit. Ma mère a renoncé à me convaincre de venir à table avec eux. Elle m'apporte à manger dans ma chambre. J'y touche à peine. " Ma religieuse cloîtrée, me dit-elle. Continue comme ça, tu verras, et dans quelques années tu seras laide, avec une peau de vieille. Vas-tu comprendre à la fin que le monde est plein de jeunes hommes ? Que la vie ne finit pas en même temps que le premier amour ? Nous sommes tous passés par là, tu n'es pas la seule. Mais tu veux toujours être exceptionnelle, et tu t'obstines... "

« Je ne l'écoute plus. Elle se désespère. Mon père, que j'adore, s'est enfoncé dans la tristesse, mais je n'y peux rien : je n'arrive plus à donner un sens à ma vie. J'ai l'impression d'être la statue de sel du mythe. J'ai peur de me tourner vers l'avenir. Ma pensée s'est arrêtée sur les quelques jours passés avec Tonino. Je revois chaque geste, j'entends chaque mot. Je cloue tous mes souvenirs dans le présent. Je les cloue obstinément dans chaque nouvelle journée.

« Je suis restée enfermée dans ma chambre pendant quatre ans. Toujours élégante, toujours maquillée pour Tonino. Quatre ans d'attente, d'espoir, d'angoisse, d'expiation, de regrets, de colère.

« À la fin de la quatrième année, un matin, je suis sortie de la maison. J'ai recommencé à aller à l'école et j'ai rattrapé une partie du temps perdu, en candidate libre. Mes parents ont tout fait pour favoriser mon réveil. Ils m'ont emmenée à la mer, à la montagne, à Naples, à Rome, à Venise, à Vienne, à Paris, à Milan.

« Chez une cousine de ma mère, qui habite la région de Brianza, j'ai rencontré un jeune entrepreneur. Il m'a demandée en mariage au bout de quelques mois. Je l'ai épousé. Il m'adore, nous vivons à Milan, j'attends notre premier enfant. Je n'ai que vingt-trois ans. Mais quand je marche dans la rue, j'espère toujours rencontrer Tonino. Je ne l'ai pas oublié. Peut-être que je ne l'oublierai jamais. »

Mon récit

« Et maintenant, c'est à mon tour », dis-je en me levant, car la marche m'aide à me concentrer. « Je vais vous raconter l'histoire d'une guérison. Seul l'amour partagé, le grand amour, guérit la douleur, le désir, la rancœur et l'envie de vengeance qui sont restés emprisonnés à l'intérieur de nous après une grande déception.

« Eva a seize ans lorsqu'elle tombe amoureuse de Sergio, qui en a dix-huit. Elle est très belle, il est très riche. Le père de Sergio, qui exerce une profession libérale, est toujours en déplacement et déborde de travail. Ce qui ne l'empêche pas d'avoir le culte de la maison et de la famille, et d'adorer son fils. Jusqu'au jour où sa femme, fatiguée de la vie qu'elle mène, commence à prendre de jeunes amants. Au bout de quelques années, elle demande le divorce. Pour le père de Sergio, c'est une catastrophe. Il sombre dans une grave dépression nerveuse. Il est terrorisé à l'idée que Sergio puisse le quitter comme sa mère. Le garçon est écartelé, il hésite entre prendre parti pour sa mère ou son père. Puis il choisit de rester avec son père.
« C'est à cette époque qu'Eva rencontre Sergio. Il semble abasourdi, effaré, il a un grand besoin de certitudes et d'affection. Son humeur est lunatique. Convaincue de pouvoir l'aider, Eva lui consacre le plus de temps possible. Il lui confie ses peines, ses doutes, et elle l'écoute avec attention, s'efforçant de lui prodiguer des conseils. Les parents d'Eva, heureux qu'elle se fiance à Sergio, qu'ils savent riche, lui donnent toutes les permissions dans l'espoir qu'un mariage s'ensuivra. Quant au père de Sergio, absorbé par son chagrin et ses problèmes, il se montre lui aussi très permissif. Il considère d'ailleurs l'arrivée de cette jeune fille, belle et douce, comme une

chance inespérée. C'est ainsi qu'Eva commence à fréquenter la maison de Sergio. Elle s'y rend directement après l'école. Le père de Sergio étant absent, ils ont la maison, les domestiques et une chambre à coucher à leur entière disposition. Ils peuvent faire leurs devoirs scolaires, faire l'amour, aller au cinéma, dîner sans être dérangés par personne. Mais Sergio est toujours irascible et violent. Il se dispute violemment avec son père et, de temps en temps, se révolte contre Eva, comme si elle était étrangère. Elle commence à se demander si Sergio est vraiment amoureux d'elle. Ou bien s'il l'utilise comme substitut de sa mère. Ou encore s'il profite simplement de pouvoir faire l'amour comme il veut et quand il veut.

« Lorsque Sergio part en voyage avec son père, il ignore Eva. Il tient pour acquis qu'à son retour il n'aura qu'à la siffler pour qu'elle accoure. Sergio a des amis en France et en Angleterre, et elle se sent exclue. Il fait aussi beaucoup de sport, du tennis, du ski, du bateau à voile. Il emmène parfois Eva dans une de ses maisons au bord de la mer ou à la montagne. Mais elle est pauvre, l'habillement et l'équipement sportif lui posent problème. Par orgueil, elle ne demande jamais rien à Sergio, qui n'a pas l'air de s'en rendre compte. À plusieurs reprises, elle doit renoncer à partir en inventant une excuse. Pendant qu'il est en Corse ou en Sardaigne, elle reste chez elle à se morfondre, sachant qu'il s'amuse avec d'autres filles. " Au retour, il me traitait comme une vieille épouse, toujours à sa disposition, dit-elle d'une voix un peu tremblante. J'avais l'impression d'être sa bonne à tout faire. Et j'en avais honte. "

« Puis un jour, en allant chez Sergio, elle le trouve avec une autre, et décide de le quitter. " Il m'avait assez humiliée comme ça, dit-elle, je devais sauvegarder un peu de ma dignité. " Eva souffre, mais serre les dents. Elle se plonge dans le travail, passe ses examens et trouve un emploi.

« Son deuxième amant est un homme marié, séparé de sa femme. Un homme névrosé et instable, qui aime Eva un mois sur deux. Elle souffre de ce comportement qu'elle ne comprend pas. Cependant elle s'efforce toujours de le satisfaire, de lui pardonner, et retourne chez lui. Bien plus tard, il lui confessera qu'il se sent coupable, qu'il a peur, qu'il n'arrive pas à y voir clair dans son amour pour elle. Il la trouve trop jeune. Alors de temps en temps il se raidit et préfère fuir.

« Eva passe presque deux ans ainsi, angoissée, le cœur battant la chamade. " Les amours de ma jeunesse ont été un désastre, me dit-elle finalement en esquissant un sourire. Et pourtant j'ai tout fait pour que ça marche. Mais j'ai fini par devenir méfiante, soupçonneuse, une vraie boule de nerfs. "

« Tous ses soupçons s'évanouissent lorsque Eva tombe amoureuse de celui qui deviendra son mari. " Dès notre rencontre, me dit-elle, j'ai senti qu'avec lui je serais à l'abri. Il avait un visage souriant, serein, fort. J'ai compris que c'était un homme capable de donner et pas seulement de recevoir. Dès le début il m'a fait prendre conscience de mon importance, il m'a comblée de petites attentions, ces preuves d'amour constant et solaire que je n'avais jamais reçues. Je me suis enfin sentie aimée. Aimée profondément, joyeusement. J'ai compris qu'il était l'homme de ma vie. Et même aujourd'hui je suis sûre que je resterai toujours avec lui, que nous ne nous séparerons jamais. J'ai compris que, lorsqu'on s'aime vraiment, on n'a pas besoin de passer son temps à se demander si on est fait l'un pour l'autre, si on peut continuer. On s'aime et c'est tout. Le respect et les attentions, même les plus minuscules, deviennent naturels, comme par exemple lui téléphoner au moment où il ne s'y attend pas, recevoir des fleurs un jour comme les autres. S'approcher de l'autre pour l'embrasser. " »

CHAPITRE VII

Conclusions

Les résultats de cette recherche me permettent de faire la démonstration de ma théorie sur l'énamourement et sur l'amour exposée ces dernières années. Ils confirment que l'énamourement est une modalité du changement. Les êtres tombent amoureux lorsqu'ils entament une nouvelle phase de leur vie, lorsqu'ils entrent dans un nouveau monde, dans un nouveau contexte social. C'est alors que les relations précédentes perdent de leur sens et deviennent un poids, une limite. Le sujet finit par les enfreindre et voue son érotisme et son amour à une nouvelle personne qui symbolise le monde dans lequel il souhaite pénétrer. Qui symbolise l'avenir.

Même l'amitié est liée au changement. Elle ne doit pourtant pas être confondue avec l'énamourement. Dès l'enfance, amitié et énamourement sont deux catégories distinctes. L'ami ne symbolise pas le nouveau monde, ni l'objectif à atteindre. Il est notre compagnon de voyage, il reste à nos côtés, sincère et fidèle. C'est lui qui nous permet d'affronter les risques de la nouveauté, les risques de l'amour.

Comme nous l'avons vu, c'est en maternelle, à trois ans, que les enfants rencontrent leur meilleur ami et tombent amoureux pour la première fois. Par la suite, ils tombent de nouveau amoureux à chaque étape : à six ans, en entrant à l'école primaire, au collège, au lycée et enfin au seuil de l'âge adulte. L'amitié suit la même évolution, tout en étant plus stable et plus durable.

Le processus amoureux comporte bien des degrés, bien des niveaux de profondeur. Au premier niveau, le plus simple, on a l'attirance, le désir pour quelqu'un qui « nous plaît ». Dès trois, quatre ans, il se manifeste à l'improviste, par un « coup de foudre ». Il conservera pour toujours ce caractère imprévu, imprévisible, incontrôlable. On ne tombe pas amoureux selon son bon plaisir, et même avec la meilleure volonté on ne peut pas se forcer à aimer quelqu'un. La volonté nous permet de faire beaucoup de choses dans la vie. Mais cette ressource humaine, cette tendance que l'on a à vouloir forger sa vie et son destin, n'a aucun pouvoir sur l'attirance amoureuse. C'est pourquoi la personne qui surgit de l'inconnu nous fascine et nous épouvante. Parce ce que nous n'avons pas les moyens de savoir si elle nous désire, si elle est sincère. Tout ce que nous savons, c'est que nous avons envie d'être avec elle et d'être aimé en retour. Dès le début, dès le premier pas, même pour l'enfant, l'énamourement représente un risque.

Et nous voici en plein paradoxe. La vérité de l'énamourement se révèle plus pleinement chez l'enfant que chez l'adolescent ou l'adulte. En effet chez l'enfant ce « il / elle me plaît » n'est pas éphémère, mais durable. C'est plus tard qu'il devient éphémère, quand l'adolescent se propose de conquérir la personne la plus en vue du groupe. Ou encore quand il se sert de son corps pour connaître les autres ou se connaître lui-même, par le biais des sensations. L'adolescent utilise son propre corps pour explorer le monde des émotions. Il l'utilise comme une sorte de radar.

L'enfant, lui, ignore qu'il peut explorer le monde des émotions avec son propre corps. Il veut surtout éviter d'affirmer son pouvoir de séduction aux yeux des autres, il ne se sert pas de sa capacité à se faire aimer pour vérifier sa puissance. Il le fera plus tard, lorsqu'il voudra se distinguer des autres dans son groupe. Mais tant qu'il est petit, il est naïf et sincère. Quand il dit « tu me plais », l'enfant révèle sa vérité essentielle. Cela signifie simplement : je veux être avec toi, je veux rester près de toi, je t'aime.

On retrouve dans l'amitié la même limpidité, la même simplicité. L'amitié apparaît très tôt elle aussi, vers quatre ou cinq ans, et se manifeste comme un sentiment moral complet et mature. La confiance est le fondement de l'amitié. C'est avec l'ami qu'on est bien, en paix, c'est avec lui qu'on explore le monde. Il nous aide, il nous comprend. On peut lui confier ses pensées les plus intimes, ses secrets, on peut être sûr qu'il les gardera pour lui, qu'il ne nous trahira pas et prendra toujours notre parti.

Et voici un nouveau paradoxe. L'enfant incarne plus pleinement que l'adulte le type pur de l'ami, le modèle idéal décrit par Cicéron dans *De amicitia*. En amitié les adultes ne parviennent jamais à se départir totalement de réserve, de médisance, d'envie, d'un réflexe qui les pousse à peser ce qu'ils donnent et ce qu'ils reçoivent. Ce n'est pas le cas de l'amitié infantile. L'enfant ne fait pas la moindre confusion entre amitié et énamourement. Ce sont des catégories mentales différentes que l'adulte mélange parfois. Mais l'enfant, jamais.

L'amour de l'enfant est émouvant parce qu'il ne sait pas faire semblant, il ne sait pas mettre en scène des sentiments qu'il n'éprouve pas. Il ne se manipule pas lui-même afin de manipuler les autres. Il est sincère, transparent, simple, véridique. Bien sûr, l'enfant sait mentir pour éviter la pression des grands ou pour attirer leur attention lorsqu'il se sent délaissé. Mais au sujet de ce qu'il éprouve, il est incapable de se mentir et de mentir aux autres. C'est pourquoi il a tendance à être timide lorsqu'il est amoureux. Comment l'aimé réagira-t-il à son amour ? Comment tricher avec son propre comportement ? Comment mettre en scène les sentiments de la séduction ? Autant de mystères dont il ne possède pas la clef.

En revanche, un adulte ne se comportera ainsi que s'il est fou amoureux. La personne aimée lui semble tellement hors d'atteinte qu'il ne se sent pas capable de la séduire. Comme pour l'enfant, l'amour est alors une sorte de miracle, de don, de grâce.

Si on compare avec ce qui se passe avec l'adulte, le fait de tomber amoureux, pour l'enfant, n'est pas une subversion ni une révolution, cela n'engendre pas la destruction du passé ou des liens préexistants. Il n'y a donc pas création d'un monde nouveau. Il n'y a pas déchirure ni rupture, pas non plus annonce d'un règne messianique. L'enfant dépend des parents, il ne peut pas rompre ses attaches avec eux. Il ne peut pas créer une nouvelle société qui ait sa propre liberté à l'intérieur du monde. Son amour ne comporte qu'un *état naissant* embryonnaire, parce qu'il ne peut pas réaliser une révolution à l'intérieur de son monde, ni déboucher sur un couple libre, autonome et indépendant. En tout cas, il crée un pôle amoureux. L'enfant ne cherche pas à s'affranchir de ses parents, parce qu'il a peur. Il se partage donc sagement entre eux, son amour et ses amis. Il atteint ainsi un certain équilibre.

Comment peut-il y avoir énamourement sans état naissant, ou avec un état naissant à peine esquissé ? Comment un lien stable peut-il exister sans que les deux personnalités se dissolvent et renaissent unies, fusionnées ? Parce que l'enfant est par nature moins structuré et plus souple que l'adulte. La phase de déstructuration de la personnalité existante n'est donc pas nécessaire. Nul besoin d'une renaissance dans la mesure où l'enfant est lui-même en train de naître. L'énamourement est une forme d'*imprinting*. Or l'*imprinting* ne se développe qu'aux débuts de la vie animale, lorsque le système nerveux est en formation. L'état naissant crée précisément une situation de ce genre, une prédisposition particulière à l'*imprinting*. Mais chez l'enfant, le besoin s'en fait moins sentir.

L'enfant ne se soucie pas de la dimension sociale, il n'a pas besoin du groupe, parce que la société et le groupe, formés par les adultes, existent indépendamment de lui. Il ne s'oppose pas à eux. Il se révèle à l'intérieur de cette serre protectrice. Il est donc un individu par essence. Il aime, il juge, il choisit en tant qu'individu. Il le fait d'abord sans se préoccuper des autres, de leurs opinions et de leur jugement. Puis il commence à tenir compte de leur appréciation. Ne sachant plus si, lorsqu'il aime, son amour est partagé, il devient alors timide. Il a honte d'avoir peur de l'intrusion des autres dans son monde intérieur. Il a peur que le groupe se moque de ses sentiments les plus intimes, les plus fragiles.

Par la timidité, l'enfant se protège de la déception. Par la honte, il se protège contre le caractère envahissant du jugement de ses camarades. L'enfant fait partie du groupe, il joue à l'intérieur du groupe, mais il ne veut pas que le groupe s'insinue dans son monde intime. C'est pourquoi il se renferme et se défend contre toute attaque extérieure. En ceci il est très différent de l'adolescent qui lui, en revanche, se fond dans le groupe des jeunes de son âge et dépend de leurs opinions, de leurs valeurs.

À la place du groupe, l'enfant a un meilleur ami. C'est-à-dire un autre individu. À qui il peut confier ce qu'il tait aux autres, y compris à ses parents. Ce n'est qu'à lui qu'il peut livrer cette part intime de lui-même qui est en train de se développer, et qui a besoin d'un milieu protégé, réservé.

Le passage de l'enfance à l'adolescence coïncide avec l'entrée dans une nouvelle société, distincte du monde des grands. On ne devient pas autonome tout seul, mais uniquement à travers les autres. L'adolescent conquiert son autonomie par rapport au monde des adultes en entrant dans le groupe des adolescents, qui possède sa musique, ses valeurs, ses modes, ses prophètes et ses chefs. Il entre dans la société juvénile, se soumet à ses rites initiatiques, endosse sa devise et adopte ses mythes et ses dieux. C'est l'époque où les jeunes filles deviennent folles des stars de la chanson. En groupe, pleurantes et hurlantes, elles courent à leur rencontre pour les toucher, les adorer, toutes rouges et excitées. Elles se sont débarrassées de leur timidité et de leur honte parce qu'elles forment une communauté.

Les adolescents constituent une société à part, distincte de la société infantile et de la société adulte. Elle fonctionne comme un système protecteur, comme une sorte de couveuse. L'enfant doit défendre son intériorité. C'est pourquoi il est réservé, timide, honteux. L'adolescent, en revanche, exprime tout ce qu'il pense et sent, parce que sa société, son groupe, le protègent.

L'adolescence n'est donc pas seulement une période de transition entre l'enfance et l'âge adulte. Elle l'était dans le passé, à l'époque des rites d'initiation. Aujourd'hui l'adolescence dure une dizaine d'années, et c'est aussi un mode de vie, une culture. Héritière des mouvements juvéniles des années soixante, cette culture est désormais une composante établie de la société occidentale. Les jeunes ont leur musique, leurs mythes, leurs valeurs, leurs prophètes et leurs sanctuaires. Ils ont leurs propres goûts, leurs propres modes, diffusés sur l'ensemble de la planète. C'est pour cela que j'ai appelé cette société l'*internationale juvénile*.

Il n'y a plus de conflit direct entre l'adolescent et sa famille, le jeune n'a plus besoin de contester l'autorité de son père ou de sa mère. À onze ou douze ans, il entre dans cette société à part, qui conteste à sa place. C'est en son sein et avec sa protection qu'il devient autonome non seulement vis-à-vis de ses parents, mais aussi du monde adulte.

C'est pourquoi certains adolescents n'ont même pas besoin de tomber amoureux ni de former un couple pour se détacher de leur famille. Ils peuvent la quitter facilement parce qu'ils ont déjà à leur disposition, entièrement pour eux, une communauté alternative de jeunes gens de leur âge. Nous pourrions dire, mais ce serait utiliser une expression abusive, qu'ils sont « amoureux » du groupe, qu'ils se sont « convertis » au groupe. Effectivement certains vivent un état naissant qui leur permet d'entrer dans le groupe du moment — punk, hard rock, techno, etc. — et, par l'intermédiaire de celui-ci, dans l'internationale juvénile.

L'internationale juvénile est essentiellement un monde de divertissement : être ensemble, se courtiser, écouter de la musique, participer à des concerts, faire du sport, aller en boîte. L'internationale juvénile a ses propres spectacles cinématographiques, ses propres programmes télévisés.

Et pourtant, même ces jeunes qui, plus que les autres, semblent apathiques, indifférents, absorbés par les rituels les plus stupides du groupe ou par la compétition érotique, peuvent se réveiller. Et en cas de nécessité, se révéler soudain capables des actions les plus nobles. On a pu le vérifier en 1996 quand, après l'inondation de Florence, ils sont venus du monde entier pour aider à sauver un patrimoine artistique appartenant à l'humanité. On a pu aussi les voir se transformer à l'improviste en guerriers fanatiques et cruels, par exemple dans les Balkans.

Le fait qu'ils passent leur temps à flâner ensemble sans rien faire, ou encore à chercher à « s'éclater » en discothèque, indique qu'ils ne sont pas satisfaits de la vie quotidienne. « S'éclater », c'est la forme la plus primitive et la plus simple de l'excès, de l'extraordinaire, c'est une métaphore du sacré sans contenu. C'est un pur dépassement, une manière d'aller plus loin. Qu'ils soient déguisés en martien, en punk, ou qu'elles s'affichent en mangeuses d'hommes, les jeunes se rebellent contre la quotidienneté adulte en violant les règles du monde. C'est l'une des nombreuses façons de faire quelque chose de différent, d'alternatif. Parce qu'ils ont en eux un élan irrépressible qui les pousse à se différencier du passé, de ce qui existe, pour créer de l'insolite, du nouveau.

Il ne s'agit pas seulement d'une rébellion contre les parents ou d'un simple désir d'autonomie, mais d'un réel besoin d'innovation, d'une exigence de transcendance de ce qui existe. Sauf que cette innovation n'est pas accomplie par l'individu ou par le couple, mais par la communauté juvénile. C'est le groupe qui permet à l'individu d'essayer, d'expérimenter, de se déguiser de la manière la plus imprévisible, la plus folle.

Le groupe, même le groupe le plus pitoyable, est l'embryon d'une possible société alternative. D'une société non pas esclave ni calquée sur celle des adultes, mais originale et différente. Les modes qui naissent à l'intérieur du groupe, même si elles sont suivies passivement, sont le signe d'une exigence de démarcation et d'innovation permanentes. C'est le signe que les jeunes vivent dans le futur et le mettent en scène. Ce futur existe même lorsqu'ils n'ont pas d'utopie politique ou religieuse, même lorsqu'ils n'ont pas de programme à long terme, même lorsque le temps semble s'anéantir dans le présent. Parce que ce présent différent du présent des adultes, ce présent qui n'appartient qu'à eux et à leur génération, est déjà l'avenir. Chaque génération étant destinée à remplacer les précédentes, elle porte en elle l'universel, le destin.

Si les jeunes se comportaient comme les enfants, ils adopteraient les valeurs des adultes et des anciens. Il n'y aurait pas d'avenir, il n'y aurait que le passé. Les choses se sont déroulées ainsi pendant des générations et des générations dans les sociétés primitives, ou dans l'antiquité la plus reculée. C'est pourquoi aujourd'hui les jeunes refusent l'histoire [1]. Parce que l'histoire les entraîne inévitablement vers le passé, vers le déjà dit, déjà fait, déjà décidé. L'histoire ne se renouvelle qu'à l'aube des mouvements collectifs [2]. Elle est alors une historicisation, un remaniement du passé qui ouvre la voie à l'avenir. Mais en l'absence de grands mouvements, l'histoire absorbe en elle le présent et l'avenir. C'est pourquoi les jeunes la refusent aujourd'hui.

Cependant le jour arrive où l'individu est suffisamment fort et autonome pour prendre ses distances vis-à-vis du groupe, de son jugement, de sa pression. Il peut alors se consacrer à la construction d'un couple amoureux. En tombant amoureux l'individu acquiert une autonomie par rapport au groupe des gens de son âge. L'énamourement est en effet l'état naissant d'un mouvement collectif formé de deux personnes seulement. Il crée une communauté intense, ardente, capable d'affronter la famille, les amis, le monde, de leur imposer son propre projet. Le grand énamourement dont est issu un couple stable marque souvent la sortie de l'adolescence et l'entrée dans la vie adulte.

La tradition psychologique et sociologique nous présente la vie comme une sorte de maturation progressive. L'enfant acquiert de nouvelles capacités, développe sa sexualité pubertaire, et enfin devient adulte et mûr. Dans

---

1. Voir Alessandro CAVALLI, *Il tempo dei giovani*, Bologne, Il Mulino, 1985.
2. Le mouvement collectif est ici entendu en tant que processus historique de renouvellement et de renaissance exposé par Francesco ALBERONI dans *Movement and Institution,* New York, Columbia University Press, 1994, et dans *Genesis*, trad. Raymond Couderc ; préf. Alain Touraine, Paris, Ramsay, 1992.

le même temps, ses qualités morales telles que l'amitié, la fidélité et l'engagement grandissent et mûrissent. Sa capacité de tomber amoureux et d'aimer suit la même voie. Les défauts et les carences de la vie adulte sont considérés comme des régressions et des comportements infantiles.

Grâce à notre recherche, nous en sommes arrivés à des conclusions totalement différentes. L'enfant est capable de tomber amoureux, d'éprouver des sentiments moraux. Il connaît parfaitement la valeur de la confiance en amitié et de la fidélité en amour. Il en va de même pour le préadolescent puis l'adolescent. La vie n'est pas une progression linéaire, ni une pente ascendante continue. La vie est faite de cycles : cycle infantile, cycle adolescent et cycle adulte. Il y a même plus d'un cycle adulte. Chaque cycle est riche d'amitiés et d'amours avec leurs spécificités propres.

Les amours enfantines marquent le début des différentes étapes de l'enfance : l'école maternelle, l'école primaire. Puis les amours de la prime adolescence coïncident avec l'entrée au collège et dans le monde juvénile. C'est l'époque des engouements pour les stars. Ensuite commence la véritable adolescence, avec ses explorations, ses travestissements, ses premières expériences amoureuses au parfum de révolte. Cependant on ne peut pas dire que l'adolescence soit une période privilégiée pour tomber amoureux, ni que l'amour adolescent soit un grand amour durable qui balaye tout sur son passage. Bien des amours adolescentes sont en réalité des pseudo-passions, des toquades, des engouements compétitifs.

Il en sera ainsi jusqu'à ce que l'adolescent s'émancipe du groupe de ses pairs et redevienne un individu. C'est alors qu'il pourra tomber profondément amoureux et créer un couple, d'autant plus s'il a commencé à vivre seul ou à l'université, et à travailler. C'est le début de la vie adulte.

Chaque époque de la vie est un monde en soi, dans

lequel on pénètre grâce à de nouveaux amis et un nouvel amour. Nous tombons amoureux quand nous sommes prêts à changer, quand nos anciennes relations se sont détériorées ou nous paraissent soudain incompatibles avec cette chose nouvelle qui nous appelle. Commence alors une période de création, de recherche et de choc, qui engendre un nouvel ordre stable : l'institution. Ce processus se répète par la suite, chaque fois que le sujet entre dans une nouvelle phase existentielle.

Les différentes phases de la vie sont autant de mondes, autant d'univers sociaux et culturels, chacun avec sa cohérence, sa valeur, son équilibre. L'individu doit sortir de l'un et entrer dans l'autre, comme un émigrant qui part pour un nouveau pays. Lorsqu'il se sera adapté, il devra de nouveau émigrer, et ainsi de suite.

L'entrée dans le monde adulte n'est pas le dernier voyage, la dernière migration. La vie adulte est elle aussi faite de cycles. La société se transforme continuellement. Les systèmes politiques, les modes de vie, les valeurs évoluent. Tel homme ou telle femme peuvent se retrouver un jour dans une société transformée, avec un autre travail, parmi d'autres gens. Ils devront changer à nouveau et seront aidés en cela par leurs rencontres avec de nouveaux amis, par de nouvelles amours. Puis viendra le vieillissement, une autre époque de la vie, une autre migration.

Il me reste, pour conclure, à faire une dernière observation sur l'énamourement. Le grand amour est, à tout âge, exceptionnel. Pour qu'il apparaisse, il faut que nous ayons à rompre brusquement avec le passé, à jouer des coudes pour pénétrer dans le nouveau monde et y créer notre nouvelle patrie. Le grand amour est à la fois mort et renaissance. Mort, dans la mesure où il marque la séparation d'avec une appartenance dépassée. Et re-naissance, parce qu'il est la création d'une communauté régénérante.

L'amour est l'expérience subjective du processus qui engendre une entité qui nous transcende, et dont nous sommes à notre tour issus.

C'est pourquoi l'amour jaillira d'autant plus impétueux et fort que le désir de vie sera grand, et que les obstacles à son développement seront importants. Soudain le monde existant ne nous suffit plus, d'extraordinaires énergies se déploient, et nous entrevoyons quelque chose d'infiniment supérieur. Soudain, nous percevons le souffle caché de l'absolu, et nous nous mettons à rêver, à avoir l'impression qu'il existe un autre ciel et une autre terre.

Le grand amour jaillit quand tout notre être se tend vers une certaine direction. Nul besoin de savoir laquelle. L'important est qu'il se tende, l'important est qu'il ait conscience d'un but. L'amour naît des affres, de la recherche, de l'ascension. Il est énergie, lutte, rupture. Ne tombe amoureux que celui qui est doté de force vitale, d'élan vital, celui qui veut créer et construire.

L'énamourement est une force qui individualise et nous incite à choisir la personne qui, pour nous, est la meilleure, la plus désirable au monde. La seule personne avec laquelle nous aimerions vivre et avoir des enfants, la seule qui compte plus que nous. La seule personne avec qui nous pourrions affronter n'importe quel danger, n'importe quelle adversité. Avec cette personne, nous créons une collectivité à l'intérieur de laquelle nous réalisons notre individualité.

L'amour s'alimente des difficultés, se renforce dans l'adversité ou lorsqu'il est contrarié. Parce qu'il est dans sa nature de défier l'existant et de construire du nouveau : un nouveau couple, une nouvelle maison, une nouvelle vie, de nouvelles relations sociales.

Quand nous sommes tranquilles, repus, satisfaits de ce que nous sommes et de ce que nous avons, lorsque notre vie quotidienne, nos ébats, nos distractions, nos habitudes, notre repos et notre milieu nous paraissent agréables et heureux, pourquoi tomberions-nous amoureux ? Pourquoi nous lancerions-nous à la recherche de quelque chose de totalement différent en nous défaisant de notre vie comme le serpent de sa mue ? Pourquoi accepterions-nous d'être en fusion avec un autre, de nous dissoudre en lui, et de l'aimer tel qu'il est, sans le mesurer à l'aune de l'utilité et de l'intérêt ? Parce que l'amour est cette folie, ou n'est rien. L'amour qui calcule, l'amour qui mesure, l'amour qui tient le compte des désirs, de ce qui est donné et reçu, n'est rien.

Ce sont donc les grandes époques aventureuses qui génèrent les grands mouvements, les grands poèmes, les grandes amours. Les époques de réveil. L'époque de Dante en Italie, de Shakespeare en Angleterre, de Racine et Corneille en France, de Goethe en Allemagne. Quand le temps se tend comme un arc pour lancer son message dans le futur. Quand le temps se fait histoire et destin. Alors nous sommes nous aussi entraînés dans ce flux, et nous aspirons à élargir notre horizon de la même manière, microcosme du macrocosme en expansion.

Il n'y a donc pas d'âge dans la vie où l'énamourement soit plus fort. On ne peut pas dire qu'il soit plus fort, plus intense, plus brûlant ou plus rénovateur à quinze, à vingt, à quarante ans, ou même plus tard. Il est chaque fois l'expression de l'élan vital de l'individu, de son besoin de renouveau, et de l'esprit du temps qui l'anime et l'appelle.

Appendice

La rupture chez les adolescents

Notre recherche sur les adolescents montre que, dans la plupart des cas, ce sont les filles qui décident de quitter leur petit ami.

Souvenons-nous que chez les adultes, toutes sociétés confondues, ce sont habituellement les femmes qui réclament le divorce.

Nous nous trouvons probablement face à un schéma biologico-social de rapport entre les sexes. Les garçons font la cour, les filles choisissent. Par conséquent ce sont elles qui plus tard décident de mettre un terme à la relation.

D'ailleurs nous savons que les filles ont consacré plus de temps à réfléchir sur l'amour, qu'elles en ont parlé longuement avec leur meilleure amie. Elles ont fait des rêves, des projets plus précis. Elles mettent la barre plus haut, elles sont plus exigeantes.

À la question *pour quelle raison vous êtes-vous séparés ?* les réponses des garçons et des filles sont réparties ainsi :

	Filles	Garçons
Nous avions des projets différents	48,15 %	56,25 %
Il/elle était différent/e de ce que j'avais imaginé	24,07 %	41,46 %
Je n'étais pas vraiment amoureux/se	24,17 %	31,25 %
Il/elle ne m'aimait pas	20,37 %	24,64 %
J'ai changé, grandi	24,08 %	32,37 %
Il était égoïste, infantile	14,87 %	27,89 %
Il/elle me négligeait	14,81 %	27,05 %
Il/elle était trop jaloux/jalouse	11,11 %	14,49 %
C'était devenu un rapport routinier	5,55 %	12,02 %

Chez les garçons et les filles plus jeunes, d'autres facteurs entrent en jeu, comme le changement de domicile ou d'école, l'opposition de la famille ou le peu d'occasions d'être ensemble. Ils sont également nombreux à remarquer que « cela s'est terminé sans raisons ».

Amour et amitié chez les enfants et les adolescents

Voici quelques autres données comparatives concernant enfants, préadolescents et adolescents. Penchons-nous d'abord sur le meilleur ami. On a tendance à penser que les adolescents sont ceux qui accordent le plus d'importance à leur meilleur ami, à celui ou à celle à qui on fait confiance, à qui on se livre. En réalité, les réponses à la question *as-tu un meilleur ami ?* montrent que c'est en primaire que les réponses positives sont les plus nombreuses (96 %), qu'elles diminuent au collège (86 %), et diminuent encore au lycée (74 %). Parallèlement, la place des copains et du groupe augmente.

En revanche la nature de la relation ne change pas. Nous avons demandé aux jeunes de ces trois classes d'âge de définir ce qu'est le meilleur ami. Les définitions principales étaient celles-ci : le meilleur ami ne répète pas les secrets, je peux avoir confiance en lui, il s'amuse avec moi, je le préfère aux autres, je l'invite chez moi, je lui prête volontiers mes affaires, il m'aide, je cherche à lui ressembler, et ainsi de suite. La fréquence des réponses ne varie pas fondamentalement malgré le passage des années, comme nous le montre clairement le tableau ci-dessous :

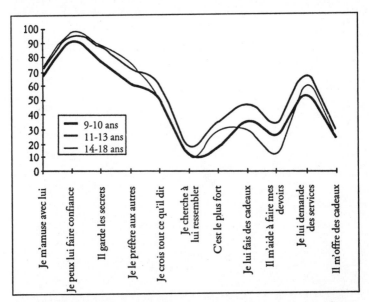

La ligne sombre correspond aux réponses des enfants, la ligne légèrement plus fine correspond aux réponses des préadolescents du collège, et la ligne la plus mince correspond aux lycéens. Comme on peut voir, les trois courbes se juxtaposent complètement. La configuration émotionnelle et conceptuelle de l'amitié ne change pas avec l'âge. Elle apparaît très tôt dans l'enfance et reste identique jusqu'à l'âge adulte.

Passons maintenant à l'énamourement. Le pourcentage

des enfants, des préadolescents et des adolescents déclarant être amoureux s'élève à environ 60 % aux trois âges. En revanche le nombre de ceux dont l'amour est partagé ou qui ont formé un couple est variable. L'amour des enfants est surtout imaginaire. Il est souvent fait d'attentes, de regards, de soupirs. Nombreux sont les timides qui n'avouent pas leur amour et ne forment pas de couple. Le pourcentage de ceux qui sont aimés en retour et de ceux qui forment un couple augmente avec l'âge. Le tableau ci-dessous en est l'illustration :

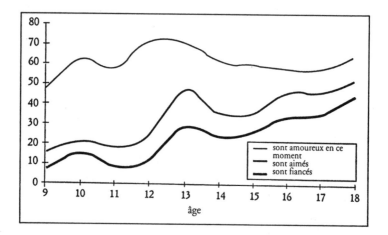

Maintenant voyons s'il existe des différences dans la conception de l'amour. À la question *qu'est-ce qu'être amoureux ?* les réponses principales ont été : Penser à l'aimé lorsqu'on est loin de lui, avoir envie d'être avec lui, sentir battre son cœur, le préférer aux autres, le trouver plus beau, s'enlacer, s'embrasser, être fidèle. Dans ce cas aussi, les réponses des enfants, des préadolescents et des adolescents se juxtaposent presque complètement, comme nous le montre l'illustration suivante :

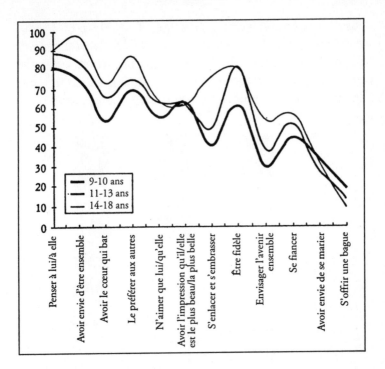

Il reste un dernier aspect à approfondir : l'élaboration du futur. On pense généralement que les enfants vivent au présent parce qu'ils ne sont pas autonomes, tandis que pour les préadolescents, et surtout pour les adolescents, la possibilité d'autodétermination augmente, ainsi que la possibilité de projeter son avenir. L'adolescent se mettrait à ressembler de plus en plus à l'adulte. Or les résultats de notre recherche démentent cette hypothèse. Ce sont surtout les enfants qui pensent au mariage, à avoir des enfants. Viennent ensuite les collégiens et, en dernier, les autres. Quels sont ceux qui pensent le plus à se mettre ensemble, à se fiancer ? Les plus petits. Quels sont ceux en revanche qui préfèrent vivre au jour le jour, sans faire de projets d'avenir, avec pour seuls buts la joie et le bonheur ?

Justement les adolescents plus âgés. Le tableau ci-dessous
le montre très bien. Nous y avons inclus le pourcentage
de ceux qui, plus tard, espèrent se marier et avoir des
enfants, se fiancer ou se mettre ensemble et, enfin, ceux
qui au contraire veulent continuer sans changement.

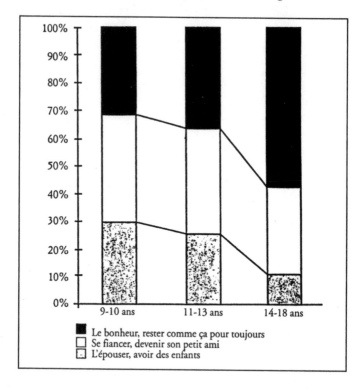

Les enfants sont ceux qui se projettent le plus dans
l'avenir, tandis que les adolescents les plus âgés s'estiment
satisfaits du présent. On peut l'expliquer notamment par
le fait que les petits forment rarement un couple. Tout en
espérant être aimés en retour, ils n'ont pas le courage
d'avouer leur amour, qui s'apparente d'ailleurs plus au
rêve qu'à la réalité. Aussi, rares sont ceux qui sont comblés

par le présent. Tandis que les plus âgés qui sont aimés et forment un couple ont envie de faire durer le présent.

Nous avons aussi constaté que les plus petits rêvent de se marier et d'avoir des enfants alors que ce n'est pas le cas des plus grands, qui seraient pourtant les plus en âge de convoler. On peut avancer l'explication suivante : les enfants sont encore influencés par le monde des adultes, par leurs valeurs. Ils s'imaginent identiques à leurs parents. Les adolescents, eux, constituent une société à part que nous avons appelée l'internationale juvénile, plus autonome par rapport au monde adulte. À l'intérieur de cette société, on accorde moins d'importance au futur, aux projets. Les recherches de sociologues comme Alessandro Cavalli ont démontré que les adolescents d'aujourd'hui ne pensent pas au futur. D'autres recherches ont souligné qu'ils n'éprouvaient aucun intérêt pour l'histoire, pour le passé. Il y a vingt ans c'était différent, et peut-être que dans vingt ans, cela changera à nouveau. Mais aujourd'hui c'est ainsi et nos données reflètent cette tendance. Dans la plupart des cas, les adolescents n'ont ni projets collectifs, ni projets individuels. Leur horizon temporel, que ce soit en direction du passé ou du futur, est restreint. En simplifiant les choses, nous pouvons dire qu'ils vivent au présent. Ils restent entre eux, bavardent, étudient, font des expériences, du sport, écoutent de la musique, partent en vacances, vont au pub, en boîte. Mais ils n'envisagent pas leur vie de couple sur le modèle du mariage traditionnel. Ils vont d'expérience en expérience, et s'engagent dans des voies toujours nouvelles.

Table

TABLE   207

SECONDE PARTIE
L'ADOLESCENCE ET LA JEUNESSE